As águas encantadas da Baía de Guanabara

As águas encantadas da Baía de Guanabara

JORGE LUIZ BARBOSA
DIOGO CUNHA
ANA THEREZA DE ANDRADE BARBOSA

Criada em 2013, a lei de incentivo à cultura da cidade do Rio de Janeiro é o maior mecanismo de incentivo municipal do país em volume de recursos. No ano de 2021, atualizamos os procedimentos para torná-la ainda mais democrática e mais simplificada. O Rio de Janeiro possui uma produção cultural diversa e que é decisiva para o seu desenvolvimento e para o bem-estar da população. Nossa lei, carinhosamente apelidada de Lei do ISS, é um de nossos mecanismos de fomento que buscam estimular o encontro da produção cultural com a população.

Secretaria Municipal de Cultura do Rio de Janeiro

SUMÁRIO

PREFÁCIO
Velejando com o passáro do tempo   9

INTRODUÇÃO
Memórias de um litoral carioca em esquecimento   13

CAPÍTULO I
A Baía das águas encantadas   21

CAPÍTULO II
Rio de Janeiro: fortaleza, porto e balneário   49

CAPÍTULO III
A Baía Negra   93

CAPÍTULO IV
Domingos de sol   135

CAPÍTULO V
É areia na farofa   183

CONSIDERAÇÕES FINAIS
Nas águas encantadas da Baía de Guanabara...   227

REFERÊNCIAS BILBIOGRÁFICAS   233

AGRADECIMENTOS   241

SOBRE OS AUTORES   243

PREFÁCIO
Velejando com o passáro do tempo

Luiz Antonio Simas

Diz um famoso oriki iorubá que Exu acertou o pássaro ontem com a pedra que lança hoje. É evidente que todo oriki – sentença poética que condensa características dos orixás – guarda múltiplos sentidos. A mim sempre pareceu que esse oriki de Exu fala também sobre a necessidade de se entender o passado (o pássaro que já voou) como um campo de disputas travadas no presente (a pedra lançada). A maneira como contamos histórias diz muito sobre aquilo que pretendemos ser.

Foi essa sentença exusíaca que me ocorreu ao mergulhar nas páginas das *Águas encantadas da Baía de Guanabara*. O que temos aqui é um embate pela memória da cidade, de suas águas, de seus habitantes e da construção incessante de modos de vida capazes de transformar o chão (e a água) em terreiro, o território praticado na dimensão do encantamento do mundo.

Da colônia à República, da "afogada" praia de Maria Angu ao piscinão de Ramos cantado pelo bardo Dicró, velejam pelas páginas do livro as histórias que a História não conta, conforme ensinou o enredo da Estação Primeira de Mangueira, em 2019. O que temos aqui são relatos sobre um litoral carioca, suburbano, que sucumbe ao peso de uma disputa pela memória que sistematicamente apaga a cidade que não é cartão postal, cenário para eventos mirabolantes e paisagem de selfies em redes sociais. As águas são outras.

Em seu clássico trabalho sobre identidades e nacionalismos, Benedict Anderson afirma que as comunidades se distinguem não por sua falsidade/autenticidade, mas pelo estilo em que são imaginadas. Não há dúvidas de que se construiu certo discurso sobre o que seria o carioca bastante vinculado às praias do Rio de Janeiro e aos modos de vida decorrentes das práticas cotidianas que as areias e o mar sugerem. Essa elaboração do imaginário do carioquismo – e penso aqui imaginário como um campo de elaboração de símbolos – cristaliza, todavia, a cidade praiana como aquela que se derrama pelo litoral da Zona Sul e se espraia pelas areias da Barra da Tijuca e do Recreio, apagando o recôncavo da Guanabara, suas praias, ilhas, mangues, da construção da memória do lugar.

Os autores, ao trabalhar com a ideia da encruzilhada para entender a dinâmica dos saberes e encontros banhados pela Baía, caminham em uma perspectiva absolutamente coerente com o tema proposto. A encruzilhada, no fim das contas, pode ser, mais do que metáfora, conceito que ilumina as dinâmicas dos encontros, fluxos, afagos, afetos, contradições, porradas, experiências de alteridades e trocas simbólicas constituintes de experiências de vida. Dizem os velhos dos terreiros que na encruzilhada todas as possibilidades podem se concretizar. Na encruzilhada não reina a dúvida de quem está perdido, mas a disponibilidade para o inesperado de quem se encontrou.

A cidade, hoje, parece barata tonta em um labirinto. Neste sentido, falar da Guanabara, das praias aterradas por uma memória que busca apagar experiências outras, é mais do que fazer um registro fundamental para que compreendamos o Rio de Janeiro no tempo e no espaço. Contar as histórias daquilo que aparentemente já não há é um compromisso com a ética da ancestralidade; coisa bem diferente de antiguidade. Antigo é aquilo que sucumbiu ao tempo. Ancestral é aquilo que, sendo passado, faz sentido no presente e aponta para as perspectivas do que virá.

Mergulhemos, portanto, no canto ancestral de louvor à Guanabara e a todas as mulheres, homens e crianças que – entre pescas, passeios de barco e pedalinho, piqueniques e farofadas nas areias – inventaram incessantemente, na miudeza do cotidiano, a vida no terreiro feito de alegria, amor, tristeza e água.

INTRODUÇÃO

Memórias de um litoral carioca em esquecimento

"A história de uma cidade é a maneira como os habitantes ordenaram as suas relações com a terra, o céu, a água e os outros habitantes."

MUNIZ SODRÉ, *O terreiro e a cidade: a forma social negro-brasileira*

A Baía de Guanabara é tema de estudos dos mais provocantes e mobiliza as mais diferentes construções narrativas. Das ciências humanas, ambientais e biológicas às contribuições de obras jornalísticas e literárias, o repertório do conhecimento originado é plural e amplo, revelando repercussões políticas e sociais significativas de desvelamento de nossa morada comum chamada Baía de Guanabara.

Nosso singelo livro se filia ao conjunto de contribuições já oferecidas, porém com uma intenção explícita: retirar do esquecimento uma vasta extensão do litoral da Guanabara. Reportamos uma geografia feita de enseadas, praias, ilhas, lagoas, manguezais mergulhado(a)s em lendas, usos e conflitos que se fazem e refazem como experiências socialmente construídas. Para assumir esse desafio abrimos um leque de territórios de vivências localizados entre os eventos da colonização e os da modernização urbana. Este tempo-espaço de longa duração abriga diferentes eventos que hoje se fazem como memórias da cidade. Memórias guardadas em arquivos, em jornais e, claro, em estudos acadêmicos e narrativas literárias. Essas narrativas aparecem também nos relatos dos que viveram os distintos acontecimentos. Memórias em travessia entre o apagamento das experiências no cotidiano e o seu teimoso ressurgimento em marcas ainda gravadas no território.

Gostaríamos de destacar um ponto que é central. O que entendemos como memória não é um arquivo empoeirado nos fundos de uma sala cheia de mofo, é um processo de reelaboração contínua. "Quem controla o passado, controla o futuro. Quem controla o presente, controla o passado", nos alertou George Orwell em *1984*. Quando convocamos a Revolta da Vacina (1904) – a primeira insurreição de ex-escravizados cujo destino foi o encarceramento nas águas da Baía de Guanabara – reescrevemos o passado e mudamos a nossa perspectiva do que é ou poderia ser o nosso presente. De certa forma, podemos até "prever" o nosso futuro. A memória como transformação do passado, do presente e do futuro, tudo ao mesmo tempo e agora. Insistiremos um pouco mais nesse ponto. Pois o mesmo serve para as imagens visuais. É preciso confiar na iconografia que se faz presente na construção deste livro e, ao mesmo tempo, dela desconfiar. É possível flagrar: roupas, costumes, práticas festivas e religiosas. Por outro lado, não é razoável tomar a imagem como retrato fiel da realidade ou apenas como ilustração, adorno. Representações visuais têm a capacidade de reproduzir retratos fiéis, mas também de produzir estigmas. Além disso, buscamos problematizar a autoria. Diríamos até problematizar o contexto, as razões, os objetivos e o tipo de encomenda que estão por detrás das imagens. Toda iconografia tem data, intenção, financiamento e autoria. As imagens não são ingênuas. É preciso, antes de tudo, ler as imagens!

Nossa proposta é trazer de volta a Baía de Guanabara não eleita para figurar nos cartões postais como expressão da cidade maravilhosa. Justamente aquela que ganhou forma urbana de modo implacável e discricionário. Para melhor compreensão da leitura, esclarecemos que estamos abordando o litoral que abraçava o centro original da cidade, passava pela atual região portuária, pela vasta Enseada de Inhaúma, de onde emergiu o bairro Leopoldina,[1] até chegar ao ignoto Recôncavo da Guanabara.[2] Então, estamos falando de ecossistemas (ecológicos e simbólicos) desa-

---

1. São os bairros que ganharam a sua configuração tendo como referência as proximidades da linha ferroviária Leopoldina Railway (hoje extinta como denominação de Estação, mas preservada pelos trilhos que ainda levam o seu nome).
2. As delimitações do Recôncavo da Guanabara obedecem a uma geografia física que abrange a vasta extensão entre a Baía de Guanabara e a Serra do Mar, incluindo nessa imensidão a Baixada Fluminense. Todavia, sem desconsiderar a delimitação já posta, preferimos trazer um dimensão prático-simbólica, tratando como recôncavo a região do entorno da Baía de Guanabara.

Panorama da Baía de Guanabara visto de São Cristóvão. Acervo: Biblioteca Nacional

parecidos e sociabilidades apagadas? De patrimônio ambiental e cultural implacavelmente destruído pela ordem urbana do progresso econômico? Sim, sem dúvida! Mas com a ambição de transformar em utopia tudo que se achega como melancolia. Afinal de contas, o que é baía? O que é aterro? O que é terra firme na Baía de Guanabara? Se cavarmos um pouco, ainda podemos ouvir os mares de Inhaúma e Irajá?

É assim que trazemos a natureza e a sociedade com seus encontros e desencontros em registros textuais e visuais que configuram o imaginário sobre o significado da cidade. É com essa perspectiva enunciada que inventariamos um conjunto de acontecimentos, relações e práticas que oferecem diferentes dimensões de questionamento para as concepções hegemônicas de ordenamento urbano, sobretudo aquele que se constituiu impondo zonas de sacrifício socioambiental.

A Praia de Ramos, e seu Piscinão, talvez seja o exemplo mais emblemático dessa encruzilhada de destinos.

Redefinimos assim o sentido de encruzilhada, geralmente associada à marginalidade, mas tomada por nós como uma espacialidade central no livro. A importância simbólica da encruzilhada é universal. Liga-se à situação de cruzamento de caminhos que a converte numa espécie de centro do mundo. Pois para quem se encontra numa encruzilhada ela é, nesse momento, o verdadeiro centro do mundo. Durante boa parte do século XIX, a Baía de Guanabara foi uma das principais encruzilhadas de encontro entre as Américas, a África e a Europa. Primeiro como uma cidade portuária e depois uma cidade balneária. Por isso, uma cidade de marujos de primeira e até de única viagem. Daqueles que vieram para ficar e de outros que estavam só de passagem. A maioria deles ainda atravessa a encruzilhada portuária e balneária para seguir a vida. Mas um certo grupo ficava "prisioneiro da passagem": condenados, prostitutas, jogadores, pessoas de nacionalidades e ideologias suspeitas e tantas outras condições-limite que faziam parte do que as "elites" do poder convencionaram chamar de "classes perigosas".

Como contraponto, evocamos memórias outras para fazer emergir experiências de lutas, celebrações em festas, invenções do trabalho, criações da cultura e da arte. Mais do que fragmentos de resistências, os atos em causa são construções que remetem às possibilidades de inventar outro futuro, mesmo que sejam hoje memórias em travessia. É nesse sentido que são encantadas as águas da Baía de Guanabara.

Trazemos, portanto, à cena as encruzilhadas habitadas por tupinambás em luta por seu território, por pessoas africanas escravizadas em luta por liberdade, por pescadores de sonhos e peixes, por malandros poetas em seus "escritórios" nas praias do subúrbio, por foliões e foliãs nos banhos de mar à fantasia em balneários da Leopoldina. Todos eles e todas elas abençoados por São Pedro e protegidos por Iemanjá.

As memórias são escolhas que fazemos de modo mais ou menos consciente, é verdade. Todavia, podemos afirmar que os acontecimentos só se tornam memórias como produtos de relações de poder. Ou seja, aquilo que deve ser conhecido para além do vivenciado no momento do fato. Geralmente, a memória é o registro dos vencedores e não dos vencidos.

Em nosso livro, entretanto, optamos por fazer o reverso. Refazer as inscrições. "O dom de despertar no passado as centelhas da esperança é privilégio exclusivo do historiador convencido de que também os mortos não estarão em segurança se o inimigo vencer. E esse inimigo não tem cessado de vencer",[3] escreveu Walter Benjamin. Escolhemos trazer o esquecido. Provocar tensões. Criar fissuras. Navegar outro litoral da Baía de Guanabara.

---

3. W. Benjamin, *Magia e Técnica, Arte e Política: ensaios sobre literatura e história da cultura*, São Paulo: Editora Brasiliense, 1987, p. 224-225.

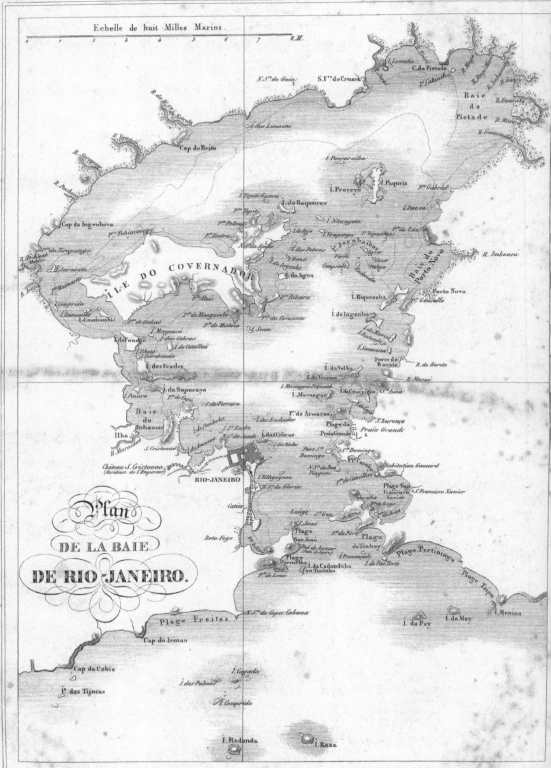

CAPÍTULO I

A Baía das águas encantadas

"O pintor Paul Gauguin amou a luz da Baía de Guanabara
O compositor Cole Porter adorou as luzes na noite dela
O antropólogo Claude Lévi-Strauss detestou a Baía de Guanabara
Pareceu-lhe uma boca banguela
E eu menos a conhecera mais a amara?"

CAETANO VELOSO, "O estrangeiro"

[p.18]
A partir de um desenho de Jean-Baptiste Debret em Voyage pittoresque et historique au Brésil, *1834. O desenhista Ch. Walter cria Plan de la Baie de Rio Janeiro. Destaques no mapa da Baía de Guanabara para o porto do Rio de Janeiro, São Cristóvão (residência do Imperador), a Baía de Inhaúma e Rio Irajá.*

Guanabara. No princípio era a palavra. A história do mundo começa quando atribuímos nomes aos lugares e às paisagens onde nossas existências acontecem. É assim que a baía se torna Guanabara (seio do mar),[1] nome de batismo em tupi-guarani dado por seus habitantes originários à porção de águas marinhas mais ao interior e mais próxima ao continente.

É bem verdade que outras nomeações conferidas pelos povos originários também estavam presentes naquela porção de mar que abraçava a terra. Niterói (Água Escondida) foi o nome dado à vasta enseada que abriga as águas da entrada da baía, assim como o canal de mar entre a Ilha de Paquetá e o litoral era chamado de Paranapuã.

Essa geografia marítima não era só uma fisionomia apreendida na existência material dos tupis. Estava também em suas lendas míticas que consagravam o seio do mar como um paraíso encantado.

Estudos arqueológicos abordam uma síntese pré-histórica da baía acontecida há milhares de anos, quando o nível do mar estava em torno de 130 metros abaixo do atual. O fundo da baía estava raso e lá apareciam falésias, restingas e dunas; a baía era berço de florestas e de uma megafauna composta por mastodontes, tigres-dentes-de-sabre, tatus e preguiças gigantes. Era uma Ria, assim afirmam os geólogos e geógrafos, e que virou Rio na primeira impressão dos navegantes vindos do outro

---

1. Acredita-se também que a palavra moderna "Guanabara" (uma palavra tupinambá com sonoridade semelhante a *"kûanãábrá"*) é formada por: *küá* ou *güiá*, *bía*, enseada, lago + *nã*, semelhante + *pará*, *ba'ra* ou *mbará*, mar ou rio caudaloso. Assim, "Baía semelhante ao mar".

O escritor Nei Lopes explica, em *Nas águas dessa baía há muito tempo: contos da Guanabara*, que:

> Guanabara, pelo que eu sei, é um tipo de embarcação de um mastro só e vela grande, a tal da bujarrona. Mas dizem que os índios antigos chamavam assim tudo aqui, toda essa lagoa enorme da água salgada. Guaná-pará, eles diziam. Guaná é seio, colo; pará é mar. Então, eles achavam que esse mundão de água era o "seio do mar", vejam vocês. Ou seio ou mama, de onde brotava a água do mar.[2]

lado do Oceano Atlântico. Mas, no fundo e no raso, ganhava sua existência de fato como seio do mar.

Era Guanabara não só as águas do mar, mas também tudo que continha de terras adentro. Os manguezais, os brejos, as lagunas e as lagoas encravados nas planícies litorâneas com a flora e a fauna em exuberância. O seio do mar se prolongava para gerar vidas, muitas vidas de plantas, aves, peixes e seres humanos. Eram também Guanabara as praias, as restingas, os pontões e os terraços onde as águas depositavam a fina areia, ou encontravam seus limites para sua passagem ao esbarrar em morros e colinas verdejantes da Mata Atlântica. Os rios corriam também para compor a imensidão líquida. Carioca, Maracanã, Irajá, Sarapuí, Meriti, Iguaçu, Suruí e tantos outros, a formar uma rede fluvial ampla e com o significado de seus nomes inscritos na vida dos donos da terra. Parafraseando o geógrafo Antonio José Teixeira Guerra (1965), a Baía de Guanabara era como uma *brecha tectônica nos maciços litorâneos*[3] por onde as águas marítimas penetravam o continente e as

---

2. N. Lopes, *Nas águas dessa baía há muito tempo: contos da Guanabara*, Rio de Janeiro: Record, 2017, p. 10.
3. Brecha tectônica significa, em curtas palavras, um espaço criado após o movimento de placas geológicas. Para Ruellan (1944), a baía se originou de uma depressão

Saco de São Diogo, 1818. Thomas Ender.

águas terrestres vertiam para o oceano. Podemos dizer que a Guanabara era um ambiente marinho-costeiro diverso em sua geomorfologia e ecologia original.

Os cenários históricos da natureza da Guanabara se completam com a presença de inúmeras tabas de tupinambás e de temiminós.[4] Os primeiros ocupando todo o arco litorâneo e os demais concentrados na Ilha de Paranapuã. Lugares de invenção do humano em modos de vida

---

geológica entre dois grupos de blocos falhados: o da Serra dos Órgãos e o dos pequenos maciços costeiros.

4. Estima-se que no período imediatamente posterior às guerras de tomada colonial havia pelo menos 80 aldeias com a presença de 50 a 80 mil habitantes.

que combinavam a caça, a coleta, a agricultura, o artesanato e a pesca em rituais celebrantes de trocas materiais e trocas simbólicas entre si e com a natureza na construção ativa da própria biodiversidade da Guanabara.[5] O seio do mar alimentava as gentes com seus pescados, seus ventos e suas chuvas – embebidas da magia das cores, aromas e sabores.

Segundo Elmo Amador a Baía de Guanabara ocupava, nas vésperas da conquista colonial portuguesa, uma superfície de 468 km², sem incluir suas ilhas, muitas delas imensas, como a Ilha do Governador e a Ilha de Paquetá, que alcançavam 60 km². E, considerando lugares mais conhecidos da orla carioca: "Em 1500, o mar batia em áreas extensas como o Outeiro da Igreja da Glória, a base do Morro da Viúva, os Arcos da Lapa, o Teatro Municipal, o Campo de Santana, o Túnel do Pasmado, a base do Outeiro da Penha e a rodoviária Novo Rio".[6]

A lagoa da Sentinela abrangia a atual área limitada pelo Campo de Santana.
Nas proximidades da Praça Tiradentes, a lagoa da Pavuna, também chamada de Lampadosa, ia dos fundos da atual Igreja do Rosário até a atual Avenida Passos. As lagoas do Carmo e do Desterro, no Largo da Carioca, quase unidas às lagoas do Boqueirão e da Pavuna, formavam nas suas margens um conjunto de terras empapadas, com pequenas áreas de chão enxuto.[7]

---

5. Ver A. Lamego, *O Homem e a Guanabara*, Rio de Janeiro: CNG: IBGE, 1948, p. 129.
6. Ver Elmo Amador, Baía de Guanabara. Rio de Janeiro: Interciência 2013, p. 1
7. T. Filho, 1975, apud E. Amador Amador, Baía de Guanabara: um balanço histórico, In: M. A. Abreu, M. Almeida (Org.), *Natureza e Sociedade no Rio de Janeiro*. Coleção Biblioteca Carioca, Secretaria Municipal de Cultura, Turismo e Esporte do Rio de Janeiro, 1992, p. 214.

Podemos inferir, com base nos estudos de Ruellan (1944), Lamego (1948) e Amador (2013), que o conjunto do arco da Baía de Guanabara abrigava pelo menos 39 lagunas com suas diferenciações geomorfológicas e diversidades ecológicas significativas, assim como com variadas idades geológicas. Lagunas imensas como as de Itaipu (2 km²) e de Piratininga (3,7 km²), no atual município de Niterói, e a de Gradim, no município de São Gonçalo, presentes na margem oriental da Baía, testemunham a grandeza da Natureza. No lado carioca, digamos, os destaques vão para as lagunas Boqueirão, Sentinela, Carioca, Pavuna, Lampadosa, Santo Antônio, Desterro e Catete, localizadas na urbi primordial da cidade e dispostas entre a atual Praça XV e os Arcos da Lapa, passando pelo Largo da Carioca.

Lagoa do Boqueirão no final do século XVIII. Podemos observar, na obra pictórica de Leandro Joaquim, a Lagoa do Boqueirão, que se estendia do atual Passeio Público até os Arcos da Lapa, no centro original da cidade.

Todas as que chegaram aos documentos, gravuras e pinturas com nomes populares portugueses, e ainda em tupi-guarani, são hoje inexistentes diante do implacável aterramento e dessecamento para a expansão territorial urbana do Rio de Janeiro ao longo dos séculos XVIII, XIX e início do século XX.

Não faltavam os manguezais, pântanos e brejos a acompanhar o conjunto da orla da baía. Suas maiores extensões ocorriam na grande enseada de Inhaúma (que hoje corresponde do bairro do Caju até a afogada Praia de Maria Angu), no Saco de São Diogo (que hoje corresponde do Campo de Santana até a Praça XI), nas ilhas de Paranapuã (atual Ilha do Governador) e do arquipélago do Fundão, na foz dos rios Meriti, nas beiradas de rios como o Sarapuí, Saracuruna, Macacu, Guapimirim, Guaxindiba e Imboassica. Os manguezais chegavam a ocupar, como informa Amador, uma superfície de 257 km^2 da orla da baía. Essa orla verde, pródiga em sua biodiversidade de matas, aves, caranguejos, camarões e berçário de peixes, ainda resiste teimosamente em áreas de proteção ambiental, como as de Guapimirim, assim como é reduzida a cada dia em seus recortes de sobrevida, como no Canal da Cunha, junto à Linha Vermelha (cidade do Rio de Janeiro) e à Favela da Maré, ou margeando a rodovia Niterói – Manilha, em São Gonçalo.

As ilhas e ilhotas eram muitas antes do afogamento e da junção provocados pelos aterros, que mudaram a fisionomia da paisagem guanabarina. Pelo menos 127 ilhas flutuavam no arco da Baía de Guanabara. Ilha de Paranapuã (hoje Governador, 7 km^2); Itaoca (7 m^2) em São Gonçalo, Guaraí (ilha estuarina, com 6 km^2) e Paquetá (1,2 km^2) despontavam como as mais imponentes. Estavam seguidas de outras ilhas, como Catalão e Macacos, que foram reunidas por aterros para originar o campus da Universidade Federal do Rio de Janeiro.

Praias, sacos e enseadas completavam o cenário do litoral guanabarino. Ainda segundo Amador, incluindo a porção oceânica, havia 118 praias de variadas extensões, como as de Copacabana, da Lapa e a do Caju, e pelo menos 24 enseadas, com destaque para as de Botafogo, Uru-

*A Baía de Guanabara de 1500 aos Aterros da Urbanização no século XX.
Fonte A. Elmo da Silva,* Guanabara: Ocupação histórica e avaliação ambiental. *2013.
Adaptado por Lino Teixeira.*

A Baía das águas encantadas

çu-Mirim (Flamengo), Glória, Valongo, Alferes (no centro da cidade) e a extensa enseada de Inhaúma, localizada entre a ponta do Caju e a Praia de Maria Angu na linha do litoral e que, terra adentro, se alargava pelos atuais bairros de Ramos, de Bonsucesso e da Penha.

Essa geomorfologia costeira tão diversa em suas entrâncias e reentrâncias se tornou, como veremos, objeto permanente de ocupação urbana que não só mudou a fisionomia do litoral da Guanabara, mas também impôs usos e modos de vida que operaram profundas transformações socioespaciais.

Uma geografia de naturezas plurais se fazia presente e, com ela, as possibilidades da vida da sociedade passaram a emergir em todos os seus conflitos e contradições, em todas as suas alegrias e tristezas, em seus lutos e suas lutas nas águas e terras da Baía de Guanabara.

OS DONOS DO PEDAÇO: TAMOIOS, TUPINAMBÁS, TEMIMINÓS, MARACAJÁS, GATOS-DO-MATO

A Guanabara não começa como o Rio de Janeiro, cidade criada para a conquista colonial portuguesa do território. Começa com a chegada, além-terra, de povos indígenas do tronco linguístico Tupi da região Amazônica, muitos séculos antes de 1500. Ainda que não haja consenso sobre o longo percurso ao encontro da Guanabara, já se pode aceitar que a chegada dos tupis dataria do século X, perfazendo presença que se estendia da Foz do Amazonas às imediações da Ilha de Cananéia, no atual litoral paulista (Abreu, 2010, p. 99). Durante a caminhada, os tupis se multiplicaram em diversos grupos: tupinambás (também chamados de tamoios), tupiniquins, temiminós, carijós (guaranis), como classifica Gabriel Soares de Sousa em *Tratado descritivo do Brasil em 1587*.[8]

---

8. G. S. de Sousa, *Tratado descritivo do Brasil em 1587*. São Paulo: Hedra, 2010, p.15.

Essa multiplicação em povos não teria constituído uma diferenciação étnica em si, como informa a antropóloga Beatriz Perrone-Moisés, "mas sim um processo de fissão e fusão constante, dado pelo jogo das vinganças e das alianças".[9] As classificações dos grupos têm, portanto, um marcador da qualidade das relações. Ao analisarmos os significados dos etnônimos isso fica mais claro. Por exemplo, *tupinambá* quer dizer "os pais principais", ou melhor, "os descendentes dos fundadores da nação". Já *temiminó* significa "neto" e "descendente", assim "os descendentes dos tupis". A origem da palavra *tamoio* ou *tamuía* vem do cognato *tamo* que, em muitas línguas tupi-guarani, significa "avô", "homem velho" e também "chefe", "líder espiritual" e/ou "guerreiro". Esses são, portanto, os protagonistas da criação da história da Baía de Guanabara.

Se não sabemos ao certo a data precisa de quando alcançaram o litoral do Rio de Janeiro, sabemos o motivo pelo qual ficaram, especialmente na região banhada pelas águas encantadas. Na mitologia do paraíso tupinambá, a *gûaîupîá* ou *guajupiá*[10] significa um lugar idílico, recoberto de flores e regado por um maravilhoso rio, em cujas margens apareciam enormes árvores, uma terra só de beleza. O seio do mar era a paisagem da lenda divina, um paraíso natural de abundante fauna e flora, rios de águas límpidas, lagunas, manguezais, matas a convidar o repouso dos viajantes. Os sambaquis (enormes depósitos de conchas e ossos) encontrados na costa da baía, que datam inclusive de antes da chegada tupi (quando esse território ainda era ocupado pelas tribos do tronco linguístico Macro-Jê), indicam imensa fartura desse paraíso natural. Lendas e vidas se misturam nas águas encantadas da Guanabara.

---

9. B. Perrone-Moisés e R. Sztutman, *Notícias de uma certa Confederação Tamoio*, *Mana*, Rio de Janeiro, v. 16, n. 2, p. 401-433, 2010. Disponível em: http://www.scielo.br/pdf/mana/v16n2/07.pdf. Acesso em: 20 mar. 2021, p. 416.
10. "Morada dos ancestrais": onde descansavam os antepassados mais valorosos e memoráveis.

Aqui os tupinambás se fizeram os donos do pedaço, e põe pedaço nisso. A extensão do domínio tupinambá ia do litoral paulista, da cidade de São Vicente, até o Cabo de São Tomé (atual município de Campos), no norte fluminense. Na Baía de Guanabara, dominavam toda a costa de ambas as margens. O único reduto dos temiminós era a Ilha de Paranapuã. Os temiminós da ilha eram conhecidos também como marakaîás (maracajás), nome do gato-do-mato-pintado e parente da jaguatirica. Estima-se que os temiminós maracajás não eram mais do que 10 mil.

O domínio tupinambá nas áreas da Baía de Guanabara é descrito com riqueza no livro *Rio Antes Rio*, em que o autor Rafael Freitas da Silva nos impressiona com o número de *tabas* ("aldeias", em tupi) existentes no entorno da baía – eram, ao menos, oitenta e quatro. Com nomes e endereços próprios, elas ainda hoje estão marcadas nas toponímias de municípios, bairros, rios e praias.

A partir dos relatos do frade francês André Thevet (chegado ao Rio de Janeiro em 1555), e do calvinista francês Jean de Léry, entre 1557 e 1558, é possível entender as dimensões das *tabas*. As tabas eram enormes, com sete ou oito malocas (casas comunitárias), e em cada uma delas, segundo Jean de Léry, podiam chegar a morar "de 500 a 600 indivíduos, e não raro, mais". André Thevet estimou em 6 mil, 10 mil e 12 mil as populações de algumas *tabas* que visitou no entorno da Baía de Guanabara; assim seria possível chegar ao contingente total de 80 mil tupinambás.

No livro de *Geografia Histórica do Rio de Janeiro*, Mauricio Abreu nos oferece um quadro de identificação das principais tabas no Recôncavo da Guanabara.

Principais Tabas no Recôncavo da Guanabara

Orla Ocidental	Grande Isle	Orla Oriental
Karióc ou Kariaue	Pindo-usú	Keriy
Uraá-uasú ou Uyrá-uasú-oé	Koruké	Kurumuré
Jaburaci ou Josy-yrasik	Pirayijú ou Piranijú	Itaók
Eyramiri	"Maracajá"	Joararuã
Pirakãiopã		Morgujá-uasú
Eirajá		Arasatyva
Itanã		Ysypotyva
Tarakuirapã		
Sarapoy		
Pirá-uasú		
Tantimã		
Kotiva		
Payó		
Seriguá		
"Pierre", assim denominada pelos franceses por causa do rochedo que orientava sua localização		
Ypec ou Upec		
"Vilage aux Flèches		
Sapopéma		
Okarantim		
Takuaruutiba (entre os atuais bairros de Campo Grande e Irajá)		

Fonte: Abreu, Mauricio (2010, Volume I, p.84), Jean de Lery (Viagem à terra Brasil, Biblioteca do Exercito,1961)

A maior e principal taba, a *Kariók*, foi descrita por Léry em *Viagem à terra do Brasil*: "assim chamada, que é o nome de um ribeiro, da qual a aldeia toma o nome, por estar situada perto. Verte-se por: casa dos *kariós*; composto desta palavra *kariós* (carijós) e de *ók* (oca), que significa casa."[11] Porém, considerando a regra da língua tupi, o fonema "y" designa todos

---

11. J. de Léry, *Viagem à terra do Brasil*, Belo Horizonte: Editora Itatiaia, 2007, p. 110.

os nomes de "águas", "rios", "lagos", e *kariók* não leva esse marcador, indicando que o nome da taba não vinha do rio (Carioca), e sim da extensão das terras habitadas. Elas ficavam onde hoje estão os bairros do Flamengo, da Glória, de Laranjeiras, do Largo do Machado, do Catete. Carioca (*kariók*) é o gentílico que caracteriza o povo (e um modo de ser) original de onde ganharia assento a cidade do Rio de Janeiro.

As tabas configuravam a expressão de articulação de territórios amplos de coleta de raízes, sementes e frutos; da caça abundante de porcos-do-mato, capivaras, pacas, antas, cotias, jacarés; da pesca e extração de caranguejos e ostras em lagunas e manguezais complementares ao cultivo de mandioca e milho em clareiras ao seu redor. Todas essas atividades se complementavam com o artesanato de fibras vegetais, madeira e argila, dando origem a cestarias, embarcações, redes, esteiras, diversos instrumentos de caça e pesca, além de artefatos de cerâmica (potes, panelas, pratos, alguidares). Podemos falar de modo de vida costeiro-florestal-atlântico traduzindo complexas relações com a natureza dos povos originários da *kûanábará*. As canoas (*ygaras*) eram fundamentais para esse modo de vida, construídas a partir de troncos de árvores trabalhados e com capacidade para até 50 ocupantes

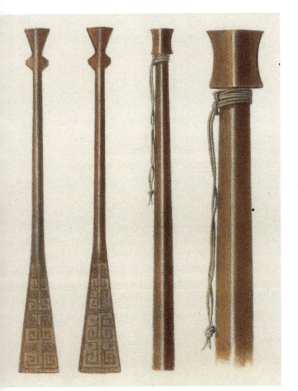

A composição com maestria técnica e detalhes estéticos de remos demonstra de modo incontestável as habilidades artesanais dos tupinammbás.

As águas encantadas da Baía de Guanabara

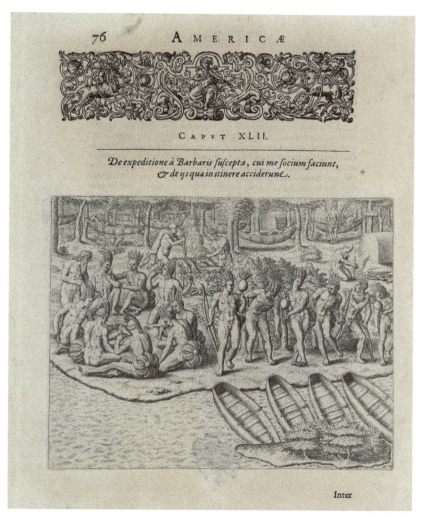

Hans Staden foi um mercenário de infantaria que esteve duas vezes no Brasil. A primeira entre 1547 e 1548 e a segunda em 1549. No início de 1554, foi capturado por tupinambás, na região de Bertioga, São Paulo. Onde Hans foi mantido em cativeiro durante nove meses, sempre sob a ameaça de ser devorado. Portanto, essa imagem está aqui a título ilustrativo. Ela não retrata um acontecimento na Baía de Guanabara. Por fim, conseguiu que o deixassem partir numa nau francesa. Staden regressou à Alemanha em 1555. Em 1557, seu livro – cujo longo título pode ser traduzido como Verdadeira História dos Selvagens, Nus e Devoradores de Homens, Encontrados no Novo Mundo, a América. Publicado na oficina de Andreas Kolbe, em Marburg, Alemanha, o livro continha um mapa e 52 xilogravuras, quase todas feitas especialmente para a edição, com base nos desenhos do próprio Staden.

A Baía das águas encantadas   35

(às vezes, mais). Usadas para locomoção, para defender territórios e enfrentar os adversários, eram também armas poderosas de ataques surpresas fulminantes.

Havia uma intensa rivalidade entre tupinambás e temiminós nas terras e águas da Guanabara. Entretanto, fortes enlaces culturais eram notáveis entre esses grupos: o compartilhamento de costumes e rituais, o gosto pela música e pela dança (com o uso de diversos instrumentos

Theodore de Bry nasceu em Liège, hoje território belga, em 1528.
Sem nunca ter estado no Brasil, Théodore de Bry se transformou no mais famoso e bem-sucedido ilustrador de viagens de sua época. Em Americae Tertia Pars, por exemplo, baseado nos relatos das viagens ao Brasil do alemão Hans Staden e do francês Jean de Léry; De Bry cria ilustrações apresentando os índios brasileiros como verdadeiros guerreiros bárbaros e devoradores de gente. A série de "Cenas de Antropofagia no Brasil", que fazem parte do relato de Hans Staden, são particularmente violentas.

As águas encantadas da Baía de Guanabara

As duas obras do francês Ferdinand Denis (1798-1890) "Danse guerrière et religieuse des Tupinambas" (Guerra e dança religiosa dos Tupinambas) e "Funérailles des Tupinambas" [Funeral de Tupinambas]. São Desenhos a grafite copiados das clássicas obras dos viajantes e que serviram para ilustrar a sua obra Le Brésil. *Entre os franceses que estiveram no Brasil no início do século XIX, Ferdinand Denis ocupou um lugar de destaque.*

musicais, tais como flautas, tambores, pífanos e apitos, sendo o principal o *maraká* – chocalhos feitos de cabaças, sementes ou pedras). Compartilhavam também o gosto pelo *cauim*, bebida alcoólica feita a partir da mandioca, que estava sempre presente em abundância nas cerimônias, especialmente na mais importante e complexa cerimônia das tribos da Guanabara: o ritual da vingança.

Os embates com rivais também faziam parte do complexo cultural dos povos da Guanabara. Os rituais de celebração de vitórias (e

[p. 36-7]
Danse guerrière et religieuse des tupinambas
(Dança guerra e religiosa dos Tupinambas).

vinganças) constituíam modos de sociabilidade interna aos grupos e de afirmação de alianças com outras tabas. Contudo, não se tratava de processos de dizimação completa dos rivais, uma vez que as inimizades também alimentavam um jogo simbólico de expressão da força do grupo.

É nessa dimensão simbólica de extração da força do rival que devemos entender atos de antropofagia dos tupinambás em cerimônias de sacrifício, que foram tratados pelos colonizadores europeus como bárbaros e satânicos e que passaram a "justificar" o apresamento e o extermínio de povos originários. Mas é justamente com a presença dos colonizadores europeus que os rituais e os episódios guerreiros se tornam confrontos em um novo jogo de alianças e disputas.

TERRA À VISTA

Em 22 de abril de 1500, a armada de Pedro Álvares Cabral, que contava com Gaspar de Lemos como comandante de uma das naus, aporta na Bahia. Se Cabral ganhou o título de "descobridor" do Brasil, não o recebeu em relação à Baía de Guanabara. É o piloto italiano Américo Vespúcio e sua tripulação portuguesa, incluindo o "retornado" Gaspar de Lemos, que chega a Baía de Guanabara, no dia 1º de janeiro de 1502. A Baía de Janeiro! Já em 1503, Gonçalo Coelho lidera a construção da primeira feitoria portuguesa, localizada na Ilha do Governador, a fim de abastecer as embarcações portuguesas de pau-brasil com colaboração dos nativos. A ilha foi o primeiro lugar a receber um nome português no Rio de Janeiro: a ilha do Gato ou ilha dos índios Gato, como aponta o autor Fernando Lourenço Fernandes.[12] Porém, a relação dos que aqui

---

12. F. L. Fernandes, A feitoria portuguesa do Rio de Janeiro. *História (São Paulo)*, São Paulo, v. 27, n. 1, p. 155-194, 2008. Disponível em: http://wwwscielo.br/scielo.php?script=s-ci_arttext&pid=S0101-90742008000100010&lng=en&nrm=iso. Acesso em: 13 out. 2020.

ficaram para estabelecer o comércio do pau-brasil com os nativos se deteriorou rápido, pois boa parte desses portugueses contava com um histórico controverso na terra natal (alguns eram condenados, inclusive, à morte). Assim, a hostilidade se instaurou, e grande parte desses primeiros europeus foi exterminada; outra parte fugiu. A feitoria portuguesa na Guanabara não teve destino muito diferente: foi atacada e destruída pelos tupinambás. Os donos do pedaço não admitiam invasões de gente que não fora convidada para se instalar em seu território. A terra estava apenas à vista!

Outras expedições brotaram no horizonte da Guanabara, como a frota de Fernão de Magalhães, em 13 de dezembro de 1519, dia de Santa

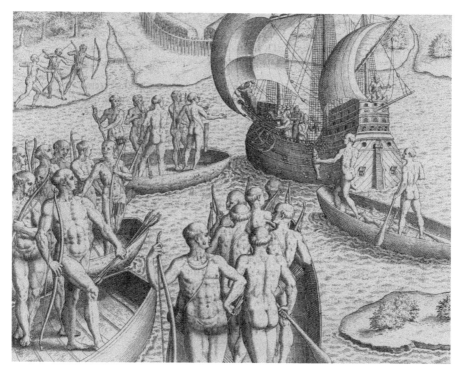

O encontro na Baía de Guanabara entre canoas e caravelas marcou para sempre os destinos de grupos humanos, terras e mares.

A Baía das águas encantadas 41

Luzia, dando nome assim ao porto em que atracaram. Porém, com a destruição da feitoria da Guanabara e a construção, em 1517, de uma nova feitoria na Ilha de Itamaracá, em Pernambuco, o porto da cidade do Rio de Janeiro se tornou apenas paragem de embarcações portuguesas, francesas e espanholas que tinham como destino final a região do Rio da Prata. A Baía da Guanabara era um ponto estratégico extremamente importante, porém se manteve pelo menos por dez anos sem a ocupação territorial de maior expressão. Tudo muda com a chegada da expedição de Martim Afonso de Sousa, em 1530, a primeira a ter como objetivo a tomada, o domínio e o controle da Guanabara.

Imensas embarcações europeias eram cada vez mais frequentes na paisagem. Cabia então à missão de Martim Afonso também controlar o litoral e defendê-lo contra corsários, piratas e expedições de outras forças coloniais, principalmente as francesas. Percebe-se que a Guanabara vai se tornando um terreno de disputas, envolvendo inclusive a extração e o comércio de pau-brasil (espécie comum na Floresta Atlântica). Começa o desencantamento...

Na disputa colonial pelo Rio de Janeiro, era preciso levar em conta os povos da Guanabara. É assim que a relação entre os

---

Devemos dar atenção especial para os *truchements* (intérpretes franceses cuja missão era aprender a língua tupi). As informações de Jean de Léry referentes ao ano de 1557 apontam que muitos *truchements* estiveram na Guanabara desde a década de 1540. Os tupinambás do Rio de Janeiro os chamavam de *mairs* ou *maíras*, mesmo nome que o do profeta mais importante, Maíra (*Maíramûana*), o que ilustra a intensidade dessas relações.

portugueses e os temiminós se estreitava na ilha de Paranapuã, enquanto os franceses se aproximavam dos tupinambás.

A estratégia francesa envolvia o estabelecimento de uma feitoria fortificada, como base de assentamento da França Antártica. Assim, os tupinambás foram fundamentais não só para a extração de pau-brasil, mas também para o abastecimento de alimentos com a caça, a pesca e a lavoura praticada pelor eles. Além disso, tornaram-se aliados para enfrentar os portugueses.

Enquanto isso, na ilha dos temiminós, aporta a expedição do novo governador-geral Tomé de Sousa, trazendo a bordo os jesuítas José Anchieta e Manuel da Nóbrega, e o objetivo claro de colonizar o Brasil.

É nesse contexto de alianças que o embate entre os tupinambás e temiminós se acirra. Após sucessivos ataques, os primeiros conquistam as tabas da Ilha do Governador, em 1554, forçando a fuga dos temiminós para as terras do atual estado Espírito Santo. O pedaço tinha, provisoriamente, um único dono.

A GUERRA COLONIAL NA GUANABARA

A França seguia uma política de expansão nos mares e, no dia 10 de novembro de 1555, os barcos franceses de Nicolas Durand de Villegagnon depararam-se com a entrada da Baía de Guanabara. A missão era a implantação da França Antártica, um novo reino livre de perseguições religiosas. Villegagnon preferiu manter-se longe do continente, escolhendo a ilha mais próxima da entrada da baía, a qual os tupinambás chamavam de Serigipe, "ilha dos siris". Lá os franceses construíram um forte batizado de Coligny (homenagem ao ministro para assunto dos mares da França, Gaspar de Coligny). Entretanto, o responsável

A Baía das águas encantadas

Na guerra colonial pelo domínio da Baía, tupinambás e temiminós entram em confronto direto.

pela realização do ousado projeto francês foi também seu principal algoz. O autoritarismo violento de Villegagnon levou a rebeliões e tensões religiosas, somadas às doenças, que afetavam os nativos de forma devastadora, e ao desabastecimento do forte, provocando assim a derrocada da França Antártica. Villegagnon acabou convocado de volta à França em 1559. Ainda assim, os franceses que aqui se mantiveram ficaram unidos aos tupinambás, e eles passaram a dominar a Baía de Guanabara juntos.

Henriville. Antes da construção do forte Coligny, na ilha batizada de Villegagnon, a expedição francesa instalou um assentamento nas terras próximas à taba Kariók, às margens do seu rio. Chamada de Henriville, era a "capital" da França Antártica.

As águas da Baía de Guanabara, dominadas ainda pela aliança entre franceses e tupinambás, criavam uma fissão no domínio português do Brasil. A conquista territorial da baía era então fundamental para o projeto colonial português, pois ao sul estava a Capitania de São Vicente e o acesso ao promissor comércio com a Bacia do Prata. O padre Manuel da Nóbrega recomendava: "Parece muito necessário povoar-se o Rio de Janeiro e fazer-se nele outra cidade da Bahia, porque com ela ficará tudo guardado (...) e os franceses lançados de todo fora e os Índios se poderem melhor sujeitar".[13]

Assim, a resposta de Portugal não demorou a chegar. Mem de Sá, o novo governador-geral, aportou na Baía de Todos os Santos no fim de 1557. Dava-se início ao processo de reconquista (ou conquista) da Guanabara. As ebulições rebeldes eram tantas que Mem de Sá perdeu o filho, Fernão de Sá, morto em uma batalha contra os nativos no Espírito Santo. Entra em cena Estácio de Sá, o sobrinho. Os Sás aguardaram a chegada de reforços vindos de Portugal, e somente em 1560 partem para o ataque final contra as forças de tupinambás e normandos que ainda resistiam no Forte Coligny.

Durante dois meses, Estácio de Sá, ocupando o forte Coligny, se viu cercado na Guanabara pelos tupinambás. Acaba então forçado a recuar para São Vicente a fim de reunir reforços. Retorna para a decisiva ba-

---
13. Nóbrega, apud Abreu, 2010, p. 118

A Baía das águas encantadas

talha pela conquista da Baía de Guanabara, desembarcando próximo à barra da baía no dia 1º março de 1565, em uma pequena faixa de areia entre o Pão de Açúcar e o Morro Cara de Cão. Lugar e data da fundação do núcleo fortificado com a marca de São Sebastião do Rio de Janeiro. Todavia, a Guanabara estava longe de ser território português.

Enquanto aqui seu sobrinho resistia aos ataques tupinambás, Mem de Sá veio percorrendo a costa, contando com uma pequena frota inicial de três galeões saídos do Tejo, que se somou a dois navios e seis caravelas em Salvador, reunindo reforços militares (portugueses colonos e seus escravos, temiminós liderados por Arariboia e tupiniquins) nas "capitanias de cima". No início de 1567, se junta a Estácio de Sá para pôr fim à batalha pelo Rio de Janeiro. Os guerreiros da costa da Guanabara, comandados pelo *morubixaba* (líder tupinambá) Uruçumirim, partem então para a sangrenta e derradeira batalha. Após dias resistindo às tropas portuguesas, os tupinambás sobreviventes batem em retirada, em direção a Cabo Frio. Agora o padre Anchieta não poderia mais chamar a Guanabara de "a mais airosa e amena baía que há em todo mundo".

CAPÍTULO II

Rio de Janeiro: fortaleza, porto e balneário

"Como é linda a nossa Guanabara
Jóia rara, que beleza
Quando o nosso céu está todo azul
E anoitece, o céu se resplandece
Fica tomado de estrelas
Veja o Cruzeiro do Sul"

PAULO PORTELA, "Linda Guanabara"

A CIDADE DE SÃO SEBASTIÃO DO RIO DE JANEIRO: FORTALEZA ENTRE O MAR E AS MONTANHAS

O Rio de Janeiro virou cidade. Saindo dos pés do Cara de Cão para subir o morro que foi chamado de São Januário, depois Castelo. A Vila Velha, que, aliás, durou muito pouco, foi mudada de lugar, não mais como uma fortificação, mas como um conjunto progressivamente constituído de prédios coloniais de poder – Casa da Câmara e da Cadeia, Casa do Governador, Igreja e Colégio dos Jesuítas, Igreja de São Sebastião, onde se instalou a primeira Sé ou Catedral – e de moradias de colonos e de armazéns, com os devidos arruamentos típicos do ordenamento urbano lusitano. Estava criada, de fato, a cidade de São Sebastião do Rio de Janeiro.

Para a geógrafa Lysia Bernardes, a escolha do sítio de criação da cidade foi orientada pelas preocupações com a sua defesa. Estar na colina significava a proteção contra ataques de piratas e corsários, e até mesmo de um possível retorno dos "usurpadores" franceses. Servia também de vigília da entrada da baía e desfrutava de uma posição estratégica em relação às capitanias da Bahia, de Pernambuco e de São Vicente. A cidade ganhava também uma posição privilegiada com o comércio exportador de bens agrícolas e aguardente para abastecer a Bacia do Prata e Buenos Aires, logo depois, do ultramar, com a África, em especial com a feitoria portuguesa de Angola com o tráfico de escravos. Não sem motivo que datam desse mesmo período as construções das fortalezas militares de Santa Cruz e São João, na entrada da Guanabara para proteger a cidade de ataques de corsários e piratas,

O primeiro panorama do Rio de Janeiro (tomado do Morro do Castelo), pintado em tela, em Paris no ano 1824, por Fréderic Guillaume Ronmy através do desenho de Félix Emile Taunay. Nesse panorama que mostra a cidade entre o morro e o mar: há a parte mais urbanizada, que ocupa o centro da composição, e há aquela nem tanto, para onde a cidade se expandia no momento. Os destaques são as ruas do Carmo e da Candelária, o Largo do Paço e o mar. Aprece também edifícios importantes e simbólicos como o convento de Santo Antônio, o hospital da Ordem Terceira no largo da Carioca e o largo do Rocio. Estamos diante de um panorama náutico, com uma frota de pelo menos 20 navios na Baía de Guanabara.

assim como de expedições coloniais de países rivais, a exemplo da França e Holanda.

Não tardou para que outros morros próximos ao litoral (São Bento, da [Nossa Senhora] da Conceição, Santo Antônio, Providência e depois o de Santa Teresa) também começassem a ser ocupados com mosteiros, conventos, igrejas e moradias, delimitando o que seria o perímetro inicial da extensão da cidade.

Subir as colinas também significava evitar a proximidade com lagoas, brejos e manguezais que estavam associados a temores de doenças contagiosas, mas na verdade só demonstrava um profundo desconhecimento, e até mesmo desprezo, aos ecossistemas tropicais. Enquanto tupinambás conviviam e faziam uso da natureza como parte de suas vidas, os colonizadores seguiam seu estranhamento aos sistemas ecoló-

gicos da Guanabara e, por força de suas tradições construtivas, refaziam a experiência do urbanismo de colina ibérico com sua particularidade lusitana,[1] a exemplo de Lisboa, Óbidos, Coimbra, Porto, entre outras.

Na leitura abrangente e inspiradora de Sérgio Buarque de Holanda (1956), entendemos que a construção de cidades na conquista colonial foi o mais decisivo instrumento de dominação, além de ser seu recurso mais duradouro e eficiente. As cidades de colina lusitanas emergem como dispositivos de conquista, de controle e de expansão territorial, herdados das *cidades de alcáçovas e barbacãs* dos mouros, e que se prolongam para alcançar o ultramar colonial português.

Fundada em terreno de acrópole, a cidade não tardaria a descer dos morros para a várzea. Ruas, travessas e caminhos passaram a ocupar a restinga estendida do Morro do Castelo ao Morro de São Bento (atual

---

[1] "As urbes construídas em colina são uma constante em Portugal desde a sua fundação, com antecedentes próximos nas cidades mouras edificadas na faixa ocidental da Península Ibérica, na sequência das que se encontram nas culturas ibérica e mediterrânica em geral, onde se enquadra a cultura portuguesa, com a sua especificidade própria, mas cuja identidade não nega o seu contexto mais geral." (M. L. C. Lobo e J. G. S. Júnior, *Urbanismo de colina: uma tradição luso-brasileira*, São Paulo: Universidade Presbiteriana Mackenzie, 2012, p. 23.).

> A tradição portuguesa de fundar cidades no alto dos morros é bem conhecida. As vantagens alcançadas foram inegáveis no passado e isso justificou a preferência generalizada, desde a época da ocupação sarracena, pelos sítios em acrópole. (...). Resultou daí uma paisagem tipicamente portuguesa em que as cidades, sobretudo as cidades à fronteira, encarapitaram-se no alto dos morros, destacando-se dos terrenos circundantes como sentinelas altaneiras e fortificações.[2]

Praça Mauá). Com ela, foram realizados os primeiros aterros do século XVIII para dar chegada às embarcações em pequenos ancoradouros e às mercadorias em trapiches. Em meados do século XVIII, a cidade já se estendia dos morros do Castelo e Santo Antônio ao sul e dos morros da Conceição e do Livramento ao norte.

A cidade avançava sobre o brejo, os pântanos e as lagoas, aterrando e drenando com uma marcha vigorosa de ocupação do sítio de planície, deixando aos cronistas o papel de guardar a memória das intervenções radicalmente transformadoras da geografia da natureza para inventar a cidade:

> Desapareceram desse modo, no século XVIII, as lagoas da Pavuna (1725), da Panela e da Lampadosa (1791), começou-se o aterro da Sentinela, secaram-se os grandes pantanais de Pedro Dias e do Campo de Santana, onde começava os alagadiços (manguezais) do Saco de São Diogo.[3]

---

2. M. A. de Abreu, *Geografia Histórica do Rio De Janeiro (1502-1700)*, v. 1, Rio de Janeiro: Andrea Jakobsson Estúdio: Prefeitura do Município do Rio de Janeiro, 2010, p. 149.
3. L. M. C. Bernardes, Lysia M. C. A Evolução da paisagem do Rio de Janeiro, in Abreu, Maurício Almeida (org.) *Natureza e Sociedade no Rio de Janeiro*, Coleção Biblioteca Carioca, Secretaria Municipal de Cultura, Turismo e Esportes do Rio de Janeiro, 1992, p.45.

PRIMEIROS DELINEAMENTOS EM PLANÍCIES RIO DE JANEIRO

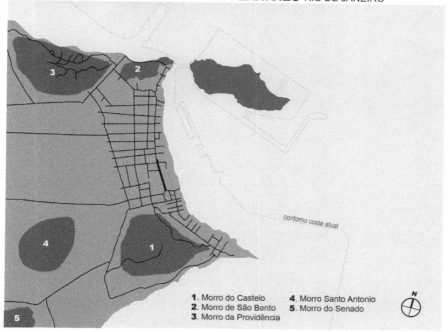

Fonte: L. M. C. A. Bernardes, A evolução da paisagem do Rio de Janeiro, in M. A. Abreu (org.), Natureza e Sociedade no Rio de Janeiro. Adaptado por Lino Teixeira.

Podemos também citar o extenso estuário de São Diogo, para onde confluíam os rios Comprido, Maracanã e Catumbi, aterrado para a expansão das freguesias urbanas que ganharam a denominação de Cidade Nova, ainda no final dos 1700 e, posteriormente, para celebrada Praça Onze dos carnavais memoráveis, por onde passamos hoje ao atravessar a Avenida Presidente Vargas.

Pois é, quando caminhamos apressados pelas avenidas, ruas e praças da cidade do Rio de Janeiro, não nos damos conta, ou mesmo desconhecemos, a história da transformação destrutiva de patrimônios ambientais como marca da urbanização do território desde os primórdios de sua fundação.

A CIDADE É... MAR

Se às colinas eram conferidas funções geopolíticas estratégicas, inclusive para que o povoamento colonial se distanciasse dos ambientes ecológicos considerados insalubres, as praias também se tornaram recursos fundamentais para os propósitos coloniais, uma vez que passaram a abrigar os ancoradouros para transbordo de mercadorias do e para o ultramar, incluindo aí a própria produção da cana-de-açúcar das freguesias do Recôncavo da Guanabara. E, como veremos adiante, um dos maiores centros de tráfico de escravos africanos da América.

Os primeiros ancoradouros surgiram próximos ao Morro do Castelo: o cais de São Tiago, o da Alfândega e o dos Mineiros. Este último também conhecido como Praia de Braz de Pina, assim denominada em memória do rico negociante Antônio Braz de Pina, sesmeiro de terras em Irajá e um dos primeiros contratadores da pesca da baleia da cidade. Só a partir do século XVIII, passou a chamar-se de praia dos Mineiros – supostamente, pela preferência que lhe davam os mestres de embarcações procedentes de Minas Gerais.

Na verdade, esses pequenos ancoradouros eram fundamentais diante da ausência de um porto estruturado na cidade, uma vez que as embarcações maiores ficavam fundeadas na baía e toda carga e descarga, seja de passageiros ou bens, era operada por uma multidão de botes, canoas e barcos. Outros começaram a pontilhar nas praias do Mercado, dos Peixes, de Dom Manuel e encontrar nas pequenas enseadas da Prainha, da Saúde e da Gamboa seu abrigo para atividades comerciais, pesqueiras e até mesmo de produção de embarcações navais, fazendo seguir a expansão urbana.

Vendedores ambulantes "vendendo o seu peixe" no Mercado da Praia do Peixe no centro do Rio. Pouco se sabe sobre o cidadão espanhol Juan Gutierrez de Padilla. Especula-se que tenha nascido nas Antilhas, talvez na ilha de Cuba. O certo é que nas décadas de 1880 e 1890 ele era um dos fotógrafos mais conhecidos do Rio de Janeiro, onde havia se estabelecido. Entre 1892 e 1896, Padilla produziu a maior parte de suas fotografias de paisagens cariocas, que eram vendidas para estrangeiros que visitavam a cidade. Partiu para Canudos em 1897, onde, em 28 de junho, foi mortalmente ferido.

É importante ressaltar que foi em 1763, com a construção do cais na Praia do Valongo, que a cidade se expandiu na direção da atual região portuária. Já no final do século XVIII, o Rio de Janeiro despontava como um dos principais mercados de tráfico de escravos, inclusive superando a cidade de Salvador. O comércio de homens escravizados e mulheres escravizadas assumia a condição de negócio mais lucrativo da colônia, em particular da cidade do Rio do Janeiro, que se tornava uma das maiores cidades escravistas do Atlântico.

Entre 1790 e 1830, pelo menos 706 mil pessoas de diferentes etnias da África escravizadas, principalmente das regiões hoje conhecidas como Angola, Congo e Moçambique, ingressaram na cidade pelo Cais do Valongo para sua venda em casas ou "armazéns" distribuídos ao longo

O cais do Valongo redescoberto durante as intervenções urbanas do Projeto Porto Maravilha. Recebeu o título de Patrimônio Histórico da Humanidade pela UNESCO em 9 de julho de 2017. É um dos principais marcos históricos do tráficos de africanos escravizados nas Américas.

do vale arruado entre os morros da Conceição e do Livramento. A cidade se expandia com o negócio da escravidão e, como consequência direta, assumia sua fisionomia africana diaspórica, uma vez que os escravizados não eram adquiridos só para compor o trabalho compulsório nas minas e nos engenhos de açúcar; muitos deles permaneciam na cidade para o exercício de diferentes formas trabalho, em particular naquilo que se convencionou denominar de escravidão de ganho.

Segundo Fridman e Ferreira, havia uma tendência à especialização dos ancoradouros das praias da cidade: o desembarque de passageiros e mercadorias nobres se concentrava nos atracadouros entre os morros do Castelo e de São Bento, ficando os ancoradouros do Valongo, da Saúde e da Gamboa recebendo os produtos trazidos pelas naus de maior porte ou aquelas do recôncavo. No século XIX, as enseadas da Prainha, do Valongo, do Alferes e da Gamboa, com uma atividade portuária intensa, sofreram novos aterros. E, ao mesmo tempo, companhias de navegação lá se instalaram para o transporte de carga e de passageiros – especialmente para São Cristóvão, Inhaúma e Irajá.

O ingresso cada vez maior no mercado colonial foi acompanhado da ampliação da cidade. Ela revelou sua importância ao ser estabelecida como centro exportador da produção de ouro e diamantes das Minas Gerais e ao ganhar o título de capital do Vice-Reinado do Império Luso, em 1763, ocupando o papel outrora conferido à cidade de Salvador.

O Largo do Paço (atual Praça XV) é um dos seus maiores testemunhos arquitetônicos. Ele celebrava a função de capital da colônia portuguesa e afirmava a descida da cidade para a conquista da planície embrejada. O Palácio do Governador (hoje, Centro Cultural do Paço), o Convento Carmelita, as igrejas de distintas ordens católicas (Nossa Senhora do Carmo, Santa Cruz dos Militares etc.) e o imenso largo criado como um rossio lisboeta se faziam presentes na cena urbana em edificação. Lá também encontramos, com o aterro parcial da Praia de Dom Manuel, o primeiro cais da cidade de São Sebastião do Rio de Janeiro, o Cais da Praça do Carmo (de 1779, depois conhecido como Pharoux), com suas escadas para o embarque e desembarque de produtos e seu magistral chafariz, construído com arte do Mestre Valentim, para fornecer a água doce às embarcações e aos prédios em seus arredores. Tornou-se um dos mais destacados espaços de comércio, trabalho e manifestações religiosas e cívicas da cidade. Encontramos aí um dos motivos para que o Marquês do Lavradio (também Vice-Rei) proibisse o desembarque dos chamados "navios negreiros" no Cais do Carmo e sua marcha para os armazéns, onde seriam vendidos como peças destruídas de sua humanidade, incluindo na ordenança a construção do cais no Vale-longo para o desembarque dos tumbeiros.[4]

No findar do século XVIII, a cidade já abrigava aproximadamente 38 mil habitantes distribuídos em quatro freguesias urbanas, criadas com a descida da cidade para a várzea: São Sebastião (1569) e Candelária (1621), depois subdivididas com a

> A freguesia é a designação portuguesa de paróquia, é um território submetido à jurisdição espiritual de um cura que também exerce a administração civil. A palavra paróquia vem do grego *parochos* (aquele que fornece as coisas necessárias) ou *paroikia* (*para*, vizinhança, lugar perto e *oikos*, casa).

---

[4]. Após a longa e tenebrosa viagem da África ao Brasil, as pessoas escravizadas estavam em condições miseráveis de saúde. Sua aparição imediata na principal área da cidade em direção aos armazéns de venda foi condenada para evitar o contágio da população residente e reduzir a visão cruel da escravidão.

O Largo do Paço era o espaço de centralidade do poder colonial na cidade do Rio de Janeiro. Prédios da administração, residências, comércio, igrejas se faziam presentes, além de sua localização na principal entrada marítima da cidade. As celebrações cívicas, militares e religiosas também encontravam seu espaço de acontecimento público no Largo do Paço.

criação das freguesias de São José e Santa Rita, em 1721. A cidade, no início do século XVIII contava com 300 sobrados, 1900 construções térreas, 190 tabernas, 180 barracas de quitandas, 140 armazéns, 190 lojas, dois hospitais e nove escolas.[5] Todavia, enquanto a cidade se assentava nas estreitezas, entre os morros e as lagoas, a distribuição de terras por meio da doação de sesmarias a fidalgos, colonos e ordens religiosas,

---

5. E. M. L. Lobo, *História do Rio de Janeiro*: do capital comercial ao capital industrial e financeiro, Rio de Janeiro: IBEMEC, 1978, p. 136.

iniciada na segunda metade do século XVII, tornava-se o modo eficaz de ocupação do território expropriado dos tupinambás. Rapidamente, iniciou-se a extensão da colonização do Recôncavo da Guanabara e sua consequente ordenação na forma de freguesias rurais.

A CIDADE É TAMBÉM... RIO

A primeira freguesia rural criada foi a de Nossa Senhora da Apresentação de Irajá e ocupou de início todo o recôncavo do atual município do Rio de Janeiro. Seus limites abrangiam as terras que, através de sucessivos desmembramentos, vieram a formar as freguesias de Jacarepaguá (em 1661), de Nossa Senhora do Desterro de Campo Grande (em 1673), de São Tiago de Inhaúma (em 1743), de São Salvador do Mundo de Guaratiba (em 1755) e de São Francisco Xavier do Engenho Velho (em 1795). Esse extenso território rural formava a Baixada de Irajá, um recorte geográfico que hoje compreende 38 bairros. Eram também as terras da taba original de Eiraiá, localizada entre as aldeias de Pirakãiopã e Itanã, sendo a primeira as terras da Tapera[6] de Inhaúma (a apenas 1,5 quilômetro da margem da baía, onde hoje é o bairro de Bonsucesso) e a segunda as que formariam as futuras terras de Meriti. O nome em tupi antigo é formado pela expressão *eira-iá*, em que *eirá* pode designar "mel e abelha" e *iá* é o sufixo que exprime "totalidade em abundância", ou simplesmente "cheio". *Eiraiá* era a taba "repleta de mel" dos tupinambás. Existe também a hipótese de o nome *eira* ser uma contração de *eîrara*, que designa um animal da Mata Atlântica, conhecido como papa-mel, da família do furão. Ele daria nome ao líder e, consequentemente, à aldeia.

---

6. A etimologia quinhentista de *"tapera"* quer dizer em tupi antigo "aldeia que foi"; em bom português, "aldeias em ruínas", "aldeia extinta" ou, ainda, "aldeia que havia sido destruída".

Apenas em 1743 a região de Inhaúma tornou-se uma freguesia, separando-se de Irajá. Agora a freguesia de São Tiago de Inhaúma tinha como principais engenhos as propriedades do Engenho de Dentro, do Engenho da Pedra, da Quinta do Sant'Ana e do Capão do Bispo. A proximidade de Inhaúma com o centro da cidade do Rio de Janeiro fez com que as lavouras se orientassem não só em relação ao mercado externo (com exportações de açúcar, farinha, feijão, milho, arroz e também café, por exemplo), mas também para o mercado interno, em particular o do centro da cidade.

A extensão da ocupação colonial do recôncavo contou com os rios navegáveis da baixada da Guanabara, que permitiam o acesso à região driblando manguezais, brejos e pântanos. Como explica Lamego, pelas águas dos rios Meriti, Sarapuí, Iguaçu, Pilar, Saracuruna, Inhomirim, Suruí, Magé, Guapimirim, Macacu e Guaxindiba é que foram subindo os *desbravadores*. E, ao longo de suas margens, foram se alinhando engenhos e fazendas – por esses rios é que descia a produção do recôncavo para a cidade do Rio de Janeiro.

A colonização do recôncavo foi notadamente conduzida pelo domínio de sesmarias de ordens religiosas e pelo trabalho compulsório de povos indígenas. Genocídio e escravidão dos povos originários constituíram a colonização portuguesa do recôncavo. Um dos dispositivos utilizados para o abastecimento de mão de obra indígena cativa era os descimentos, atos de desterritorialização que implicavam a escravização e destruição das organizações das tabas dos povos originários. Com o aldeamento dos indígenas organizado por ordens religiosas, a partir de do século XVIII, os escravos africanos passaram a compor o trabalho cativo nos engenhos de açúcar do Recôncavo da Guanabara.

Mapa com destaque para as paróquias FORA DA CIDADE: Nossa Senhora da Ajuda (Ilha do Governador), Bom Jesus do Monte (Ilha de Paquetá), São Tiago de Inhaúma, Nossa Senhora da Apresentação do Irajá, Nossa Senhora do Loreto de Jacarepaguá, Nossa Senhora do Desterro de Campo Grande, São Salvador do Mundo de Guaratiba e Santa Cruz (Curado).

É nesse contexto geográfico que os portos fluviais do recôncavo, como Estrela, Iguaçu, Piedade, Pilar, Porto das Caixas e Magé assumiram um papel fundamental para a circulação de produtos agrícolas, sobretudo para a comercialização do açúcar e cachaça[7] no mercado colonial. Em contrapartida, surgiram, no caminho entre eles e a cidade, os já esquecidos ancoradouros marítimos do Caju, Inhaúma, Irajá e Maria Angu, localizados na vasta enseada de Inhaúma e do Irajá. É nesse movimento que podemos afirmar que rios, enseadas e praias com seus portos passaram a construir a hinterlândia marítimo-fluvial da cidade do Rio de Janeiro.

DE PORTO A PORTO SE FAZ A HINTERLÂNDIA DA GUANABARA

Em meados do século XIX, o Engenho da Pedra e a Fazenda de Bonsucesso entraram no espólio das irmãs D. Leonor de Oliveira Mascarenhas e Marianna Josefa Mascarenhas. O lote ocupava uma grande faixa do chamado "Mar de Inhaúma", situado entre o Porto de Maria Angu (atualmente em Olaria) e a Ponta do Caju. Em 1813, Francisco Mendes Ribeiro, tido como cirurgião da família real, um arrendatário das irmãs Mascarenhas, pediu a concessão "de mangues que se estendiam pela costa do mar, desde a Barra do Rio de Inhaúma até o Porto de Maria

---

7. "A aguardente também foi outro produto que teve destaque em Irajá diante das demais freguesias do Recôncavo. Além de ser uma bebida comum entre a população mais pobre da colônia, também era usada como moeda de troca no tráfico negreiro. (...) Segundo Luiz Felipe de Alencastro, sua produção garantia um aumento de 25% nos lucros brutos dos engenhos e podia atenuar as perdas no caso de eventuais crises econômicas." M. H. P. Silva, *Morte, escravidão e hierarquias na freguesia de Irajá: um estudo sobre os funerais e sepultamentos dos escravos* (1730-1808). Dissertação de mestrado, 2017, p. 81.

Angu".[8] Segundo Brasil Gerson, o médico solicitou mangues para o seu uso entre os portos de Inhaúma e de Maria Angu. Existiam também mais três bons portos na área: o da viúva e dos filhos de Felix de Sousa Castro; o da Olaria, do capitão Luiz Viana; e o da Mangueira, de Joaquim Rodrigues da Silva. O pedido provocou uma oposição violenta das irmãs Mascarenhas, então proprietárias do Engenho da Pedra e da Fazenda Bonsucesso, sob a alegação de que sem estes mangues, suas lavouras, seu engenho e sua olaria não funcionariam regularmente.[9]

Entre 1833 e 1844, as mesmas proprietárias estavam em conflito com outro Francisco. Era Francisco Rodrigues, outro inquilino das irmãs Mascarenhas. Segundo elas, ele havia construído um cais irregular no Porto de Maria Angu. O arrendatário alegou

> ter conseguido uma licença da Câmara Municipal para construir um cais de pedra no dito porto (onde ele já tinha suas canoas), necessário para um embarque e desembarque a pé enxuto na região, para seu uso e uso popular (...) [10]

As irmãs Mascarenhas, por sua vez, não viram com bons olhos o pedido do arrendatário. Disseram ter tido autorização antes daquela de Francisco Rodrigues para usar os terrenos da Marinha – a propósito, sem pagar foro – e tinham a informação de que ninguém mais poderia

---

8. R. G. Lima, *Senhores e possuidores de Inhaúma: propriedades, famílias e negócios da terra no rural carioca 'oitocentista' (1830-1870)*. Tese (Doutorado) – Instituto de Ciências Humanas e Filosofia, Departamento de História, Universidade Federal Fluminense, Niterói, 2016, p. 53.
9. G. Brasil, *História das ruas do Rio*, Rio de Janeiro: Lacerda, 2000, p. 375.
10. R. G. Lima, *Senhores e possuidores de Inhaúma: propriedades, famílias e negócios da terra no rural carioca 'oitocentista' (1830-1870)*. Tese (Doutorado) – Instituto de Ciências Humanas e Filosofia, Departamento de História, Universidade Federal Fluminense, Niterói, 2016, p. 54.

ter o aforamento da área. Desse modo, o cais foi demolido em junho de 1837. A intenção de Francisco Rodrigues, um arrendatário das irmãs, devia ser o de estabelecer um comércio de pescaria na área, lucrar com o embarque e desembarque de gêneros que saíam daquele Porto de Maria Angu "e que eram dificultados pela própria estrutura alagadiça da área, onde os transportes eram feitos nas costas de escravos até os barcos".[11] Ao falecer Leonor Mascarenhas, sendo solteira, legou terras e bens a parentes e amigos, entre eles seu filho de criação, o padre David Simeão de Oliveira Mascarenhas, "descrito como preto criado e educado pela testamenteira, e o médico João Torquato de Oliveira, filho de uma escrava, criado e educado por ela, a quem coube a fazenda e o núcleo onde se originou o bairro".*[12]*

Essa incrível história das irmãs Mascarenhas mostra a importância dos portos no Recôncavo da Baía de Guanabara, e indica também que esses portos eram privados, porque as terras haviam sido doadas como sesmarias. Como escreveu o professor José de Souza Martins na obra *O Cativeiro da Terra*: "num regime de terras livres, o trabalho tinha que ser cativo; num regime de trabalho livre, a terra tinha que ser cativa".[13] Mas antes mesmo das Irmãs Mascarenhas tomarem conta do Engenho de Pedra, da Fazenda de Bonsucesso e de suas águas, os portos da Baía de Guanabara já eram cativos.

Como vimos, parte do Recôncavo Carioca, sobretudo às margens da Baía de Guanabara, já estava sendo ocupado no final do século XVI. Todavia, seria no século seguinte que parte dessa caminhada para o sertão carioca aconteceria, através do curso dos rios Meriti, Inhaúma e Irajá. À beira deles, estabeleceram-se pequenos ancoradouros, portos e trapiches que abasteciam engenhos, chácaras e fazendas.

---

11. *Ibidem*
12. N. Lopes, *Dicionário da Hinterlândia Carioca: antigos "subúrbio" e* "Pallas, 2012, p. 57.
13. J. S. Martins, *O cativeiro da terra*, São Paulo: Editora Contexto, 2010, p. 32.

Com a transferência da Cidade Velha para o Morro do Castelo, o porto da cidade mais disputado para o desembarque das canoas e das embarcações de maior porte continuou sendo o da Praia de Santa Luzia (antiga Praia da Piaçava), na base do Morro do Castelo. No século XVII, quando iniciou a descida do Morro do Castelo, a descida para a várzea, muito da atividade portuária foi deslocada para a Praia de Dom Manuel, onde se localizava o porto dos Padres da Companhia. Tal embarcadouro era resguardado pelo Ponta do Calabouço.

É bom que se diga que a conquista da planície carioca foi incentivada pela presença de várias ordens religiosas. Os beneditinos, por exemplo, instalaram-se nos morros de São Bento e do Carmo. Os carmelitas possuíam um engenho em Irajá e os franciscanos se fixaram no Morro de Santo Antônio.[14] Os jesuítas instalaram-se no Morro do Castelo, ponto que, naquela altura do campeonato, era o mais estratégico da baía. Ao chegarem na cidade, os jesuítas receberam várias concessões de mão beijada, entre as quais todas as terras desde o Rio Catumbi até Inhaúma, a sesmaria do "Iguaçu e suas águas", doada em 1567. No Rio de Janeiro colonial,

> a localização dos portos era estratégica do ponto de vista da segurança e, neste sentido, protegidos pelo sítio natural ou por fortes. Além disso os ancoradouros eram de propriedade privada, o que denota uma profunda relação entre os portos, a produção da terra e os grandes proprietários, muitos dos quais constituídos pelas ordens religiosas.[15]

---

14. Completando a lista de "propriedade de engenhos das ordens beneditina (Jacarepaguá e Ilha do Governador) e carmelita (Guaratiba, Angra, Magé e Santo Antônio de Sá) em localidades servidas por rios ou de frente para o mar" (Fania Fridman, Freguesias fluminenses ao final do Setecentos, *Revista do Instituto de Estudos Brasileiros*, São Paulo, n. 49, p. 91-143, mar. 2009, p. 102. Disponível em: https://www.revistas.usp.br/rieb/article/view/34641/37379. Acesso em: 12 mar. 2021.).

15. F. Fridman e M. S. N. Ferreira, Os Portos do Rio de Janeiro Colonial, in Encontro de Geógrafos da América Latina, n. 6, 1997, Buenos Aires, *Anais...* Buenos Aires, Argentina: Universidade de Buenos Aires, 1997, p. 1-8, p. 7.

Para pertencer à elite econômica do Rio de Janeiro, era fundamental ter acesso aos portos e postos de comando da cidade. As condições para tanto eram pertencer a uma ordem religiosa ou estar ligado às melhores famílias da terra, além de possuir engenhos. Por isso, não foram poucos os conflitos por cada palmo de água da Guanabara entre as ordens religiosas e os colonos. As ordens viram, desde o início, nos senhores de engenho, seus grandes e terríveis rivais.

A Baía de Guanabara era um campo em disputa. A princípio, os jesuítas foram os mais beneficiados, já que as principais atividades portuárias foram deslocadas para a Praia de Dom Manuel, onde se localizava o Porto dos Padres da Companhia. O Porto dos Padres foi o primeiro dotado de privilégios portuários – tinha um guindaste, que também era alugado a terceiros. Mas os portos traziam ainda outros privilégios aos cidadãos cariocas. Ao reconhecer a ajuda prestada pelos moradores do Rio de Janeiro na Guerra Luso-Neerlandesa, a metrópole concedeu os Privilégios do Porto aos cidadãos cariocas. De acordo com essas "homenagens", eles não podiam ser presos por nenhum crime e ainda possuíam o direito de portar qualquer tipo de arma. O título elevava-os à condição de Fidalgos do Reino. O Rio de Janeiro foi a primeira cidade da América Portuguesa a receber esses privilégios.[16] As relações comerciais no Rio de Janeiro colonial se davam, principalmente, porto a porto, isto é, do porto local (da fazenda, do engenho, da chácara) e/ou fluvial ao porto da cidade. Segundo Altoé:

> O deslocamento de pessoas e produtos no Rio colonial era baseado na tradição indígena de transporte por canoas, devido aos precários caminhos

---

16. J. A. U. Pinheiro, *Conflito entre jesuítas e colonos na América Portuguesa*. Tese (Doutorado em Economia Aplicada) – Instituto de Economia, Universidade Estadual de Campinas, Campinas, 2007, p. 203.

terrestres, que inundavam em época de chuvas. Desde 1630, havia liteiras, redes e serpentinas para pequenos percursos, mas os veículos com roda só apareceram em meados do século XVII. O desenvolvimento agrícola no final do século XVIII, nas freguesias localizadas na direção oeste da cidade, pode ser avaliado pela existência de 23 portos.[17]

RIO, UMA CIDADE DA GUANABARA, MARÍTIMA E FLUVIAL

Esse número tão expressivo de portos fez Fania Fridman[18] classificar o Rio de Janeiro e sua hinterlândia como uma Cidade Flutuante. Citando Aurélio Buarque de Holanda, ela classifica hinterlândia como "uma região servida por um determinado porto ou via navegável". Hinterlândia (do alemão *Hinterland*) significa, ao pé da letra, a "terra de trás"

---

17. L. Altoé, Ordens religiosas foram as maiores proprietárias de terras no Rio de Janeiro do século XVI ao XIX, *MultiRio: a mídia educativa da cidade*, Rio de Janeiro, 4 maio 2016. Disponível em: http://multirio.rio.rj.gov.br/index.php/leia/reportagens-artigos/reportagens/9493-ordens-religiosas-foram-as-maiores-propriet%C3%A1rias-de-terras-no-rio-de-janeiro-do-s%C3%A9culo-xvi-ao-xix/. Acesso em 10 de dezembro de 2020.
18. F. Fridman, *Donos do Rio em nome do rei: uma história fundiária da cidade do Rio de Janeiro*. Rio de Janeiro: Jorge Zahar Ed.: Garamond, 1999, p. 83-85.

(de uma cidade ou porto). Mas também a parte menos desenvolvida de um país – menos dotada de infraestrutura e menos densamente povoada, sendo também sinônimo de sertão ou interior. Fridman classifica também o centro da cidade do Rio de Janeiro como parte da hinterlândia carioca, pois observa que o Porto do Rio de Janeiro intermediou relações econômicas entre os engenhos de açúcar, as minas de ouro, as fazendas de madeira, de café, de gado e a produção de gêneros alimentícios entre a cidade e a metrópole. O escritor e pesquisador Nei Lopes, no seu *Dicionário da Hinterlândia Carioca: antigos "subúrbio" e "zona rural"*, indica que a hinterlândia é "uma região afastada do centro metropolitano, tido como culturalmente mais importante. No Rio, a expressão, antes mesmo do século XVI, já definia o conjunto das localidades às margens dos trinta e três rios que deságuam na Baía de Guanabara e aqueles pertencentes às demais zonas rurais". Segundo o autor, "a expressão compreende as antigas zonas suburbana e rural, inclusive Guaratiba e Sepetiba, e exclui a zona portuária, bem como a Barra da Tijuca".[19]

Nesse sentido, a hinterlândia é entendida ainda pelo viés de uma região, isto é, uma cidade ou localidade com navegação interna, trans-

---

19. N. Lopes, *Dicionário da Hinterlândia Carioca: antigos "subúrbio" e "zona rural"*, Rio de Janeiro: Pallas, 2012, p. 176.

porte terrestre e vias fluviais. Mais uma vez, lembramos que os portos eram privados, ainda que as terras fossem doadas como sesmarias, por isso é cabível estabelecer conexões entre os portos e a propriedade fundiária.

Esses empreendimentos foram decorrentes do fato da navegação marítima constituir-se no único sistema de transporte para a Metrópole e no principal meio de deslocamento tanto aos demais centros da colônia como às localidades do termo da cidade, atingidas através de pequenos portos. E foram surgindo em vários pontos da baía, como Caju, Inhaúma, Maria Angu, Irajá e Porto Velho, na foz do rio Merity.[20]

Os portos principais da baía são Magé, Piedade, Estrela e Iguaçu. Nesses pontos, as tropas procedentes do interior descarregam grandes quantidades de mercadorias que seguem para o Rio de Janeiro em pequenas embarcações... Se alguma coisa pode aumentar a magnificência do empolgante cenário são as numerosíssimas embarcações de todos os tipos que cruzam incessantemente a baía, pontilhando com suas velas brancas, o verde claro do mar.[21]

Inúmeros ancoradouros surgiram nos rios navegáveis. O Rio Irajá,[22] por exemplo, era navegável em boa parte, porém apenas em curto trecho, assim mesmo com o auxílio da maré e por pequenos barcos. O *Relatório do Marquês do Lavradio de 1779* indica que na Freguesia de Nossa

---

20. F. Fridman e M. S. N. Ferreira, Os Portos do Rio de Janeiro Colonial, in Encontro de Geógrafos da América Latina, n. 6, 1997, Buenos Aires, *Anais...* Buenos Aires, Argentina: Universidade de Buenos Aires, 1997, p. 1-8, p. 2.
21. D. P. Kidder, *Reminiscências de viagens e permanência no Brasil (Províncias do Sul)*, São Paulo: Editora da Universidade de São Paulo, 1972.
22. Macrobacias, Microbacias, Sub-bacias, Rios e Canais: sub-bacia do rio Irajá. Disponível em: http://www.educacaopublica.rj.gov.br/oficinas/geologia/hidrografia_rj/14.html. Acesso 30 mar. 2020.

Senhora da Apresentação de Irajá estavam localizados quatro portos: do Juiz da Alfândega, do Dr. Provedor, de Meriti e do Irajá. Dos quatro portos, somente o de Meriti e o do Irajá suportavam embarcações de maior porte; os outros dois só permitiam a entrada de canoas e lanchas, não sendo propício o embarque de produtos.

Sub-bacia do Rio Irajá

Curso d'Água	Bairro (s)	Extensão (km)	Vertente	Foz
Rio Irajá	Vicente de Carvalho, Irajá, Brás de Pina e Cordovil	8,2	S. do Juramento (próximo a Est. de Irajá) e Vaz Lobo	B. de Guanabara
Rio Arapogi	Brás de Pina	1,50	S. do Juramento	R. Irajá
Rio Quitungo	Vila Cosmos, Vila da Penha, Brás de Pina e Cordovil	3,9	Entre S. do Juramento e M. do Caricó	R. Irajá
Rio Escorremão	Penha	4,0	Vertente Norte da S. da Misericórdia	C. da Penha
Rio Bicas	Irajá	0,5	S. da Misericórdia	R. Irajá
Valão de Trolley	Olaria	0,6	✱	✱
Rio Nunes	Olaria	4,0	S. da Misericórdia e M. do Caricó	C. da Penha
✱	✱	✱	✱	✱

O número de engenhos na região fez surgir até mesmo um entreposto que ficou conhecido como Paço de Irajá,

> um armazém com altos e baixos que ia até a beira do rio, no qual eram depositadas as caixas de açúcar que seriam depois embarcadas nas lanchas. Possuía também uma carreta onde embarcavam as caixas, umas casas de vivenda adjacentes e um lugar de cobrança de impostos.[23]

---

23. R. F. da Silva, *O Rio antes do Rio*, Rio de Janeiro: Babilonia Cultura Editorial, 2015, p. 130.

Coqueluche no mar de Irajá e Inhaúma era a praia de Maria Angu. Era, Maria Angu, de certa forma, a continuação da Praia do Apicu, começando em Olaria (onde ficava o Porto de Maria Angu) passando pelo rio Escorremão (na Penha) até o mangue do Saco do Viegas (na altura do viaduto Lobo Júnior).

Dois outros portos se destacavam nos mares de Inhaúma e Irajá: o Porto de Maria Angu e o Porto de Inhaúma. Eles estavam encalhados na Freguesia do Irajá até Inhaúma tornar-se freguesia, em 1743. De acordo com o *Relatório do Marquês do Lavradio de 1779*, diferente do Porto do Irajá, que ocupava a beira do rio, os portos de Maria Angu e Inhaúma estavam localizados na beira da praia. O primeiro, com "habitações praieiras e casas de negócio, e o segundo se destaca na pequenina enseada, com casas enfileiradas, em formato de chalé".[24]

A vasta Enseada de Inhaúma abrangia do atual bairro de São Cristóvão até o Bairro da Penha. Os aterros sucessivos provocaram o desaparecimento das praias, manguezais e ilhas da enseada do subúrbio carioca.

---

24. A. M. Corrêa e A. C. P. Vieira (Org.), *Águas Cariocas: A Guanabara como Natureza*. Rio de Janeiro: Outras Letras, 2016, p. 145.

Sub-Bacia do Rio Ramos

Curso d'Água	Bairro (s)	Extensão (km)	Vertente	Foz
Rio Ramos	Ramos e Maré	1,4	S. da Misericórdia	B. de Guanabara
Rio Marmita	Ramos e Maré	1,1	Rua Uranos, entre a Estação de Ramos e Bonsucesso	R. Ramos

Agora desceremos o Mar de Inhaúma até chegarmos ao Mar do Caju para conhecer outra habitação praiana, a chácara veranista de Dom João VI.

CAJU: O NOSSO PRIMEIRO BALNEÁRIO

Reza a lenda que D. João VI teve uma das pernas picada por um carrapato quando dormia tranquilamente à sombra de uma árvore, na Fazenda Santa Cruz. O remédio? Banhos periódicos de água salgada. Até o começo do século XVIII, era dificílimo encontrar alguém tomando um simples e diáfano banho de mar no Velho Mundo. Mas tudo começou a mudar com a teoria de um médico inglês chamado John Floyer. Ele defendia, na sua obra a *História do Banho Frio* (publicada em dois volumes, em 1701 e 1702), que a água (em especial a salgada do Canal da Mancha) era um santo remédio. O médico acreditava que a água do mar tinha poderes milagrosos para curar uma fileira de doenças. Receitava banhos até para paralíticos.

Na França e na Grã-Bretanha, banhos de mar passaram a ser recomendados para distintas senhoras com doenças físicas (sobretudo as de pele) e até psíquicas. As teorias sobre os benefícios dos banhos não paravam de crescer na Europa. No século XIX, a literatura médica estava recheada de obras sobre o tema. Livros ressaltando os ganhos, a hora adequada, os procedimentos, o vestuário necessário e as precauções com os banhos de mar. É claro que esses modos seduziram a corte.

O local escolhido por Dom João para os seus banhos periódicos de água salgada foi uma casa de chácara privada do lote da família Tavares Guerra, na Praia do Caju. Segundo Laurentino Gomes, esses banhos "são a única notícia que se tem de um banho de Dom João nos treze anos que permaneceu no Brasil".[25] O local entrou para a história como a Casa de Banhos de Dom João VI. Todavia, como o monarca tinha um medo dos diabos de crustáceos, siris, peixes e outros bichos (Dom João também morria de medo de raios, trovões e relâmpagos), ele mandou construir uma enorme Banheira Real de madeira,

> dentro da qual era mergulhado nas águas da Praia do Caju, nas proximidades do Palácio de São Cristóvão. A caixa era uma banheira portátil, com dois varões transversais e furos laterais por onde a água do mar podia entrar. O rei permanecia ali dentro por alguns minutos, com a caixa imersa e suspensa por escravos para que o iodo marinho ajudasse a cicatrizar a ferida.[26]

Com o tempo, Dom João passou a convidar os amigos para irem a Praia do Caju. E, assim, a praia dos cajus tornou-se o primeiro balneário da cidade.

A Praia do Caju também foi frequentada por muitos dos Bragança, desde o filho de D. Maria, a Louca, até Dom Pedro II. D. Maria, a propósito, também foi tratada com banhos de água gelada quando ficou obcecada pela ideia de que estavam no quinto dos infernos. Contudo, o tratamento se mostrou um verdadeiro balde de água fria, já que a rainha

---

25. L. Gomes, *1808: Como uma rainha louca, um príncipe medroso e uma corte corrupta enganaram Napoleão e mudaram a história de Portugal e do Brasil*, Rio de Janeiro: Globo Livros, 2014, p. 168
26. *Ibidem*, p. 167.

acabou vestindo uma camisa de força. E morreu – louca de atirar pedra – em 1816, no Rio de Janeiro.

Em consequência dos aterros para a criação do Cais do Porto, da abertura da Avenida Brasil e dos extensos cemitérios, é difícil acreditar que em frente à casa de banhos de Dom João existia uma praia de águas límpidas. O Caju era uma "região belíssima, de praias com areias branquinhas e água cristalina, onde não era rara a visão do fundo da baía, tendo como habitantes comuns os camarões, cavalos-marinhos, sardinhas e até mesmo baleias", escreveu o cronista C. J. Dunlop.[27] Em *Recordando a Praça Onze,* Samuel Malamud nos conta que

> nos meses de verão, quando o calor era demasiado, grande parte da população judaica da Praça Onze se dava ao luxo de tomar banho de mar, seguindo o exemplo de seus vizinhos não judeus. Nas madrugadas, principalmente aos sábados e domingos, famílias inteiras enchiam os bondes que levavam às margens da Baía de Guanabara, nas imediações da parte do porto denominada Ponta do Caju. O movimento dos banhistas era grande e tinha-se a impressão de que se tratava de uma excursão coletiva de lazer.[28]

Parte da Praia do Caju desapareceu com a construção da Ponte Rio-Niterói, na década de 1970. A ponte também escondeu a paisagem e fez do Caju um bairro subterrâneo. Antes disso, a Avenida Brasil cortou a velha e forte ligação do Caju com bairro de São Cristóvão.

O bairro imperial do alto da pequena colina, "da Boa Vista", tinha uma vista panorâmica da região, inclusive do chamado Golfo de São Cristóvão ou Saco de São Diogo. O saco começava na Praia Formosa

---

27. C. J. *Subsídios para a História do Rio de Janeiro*, Rio de Janeiro: Editora Rio Antigo, 1957, p. 22.
28. S. Malamud, *Recordando a Praça Onze*, Rio de Janeiro: Livraria Kosmos Editora, 1988, p. 34.

A Praia do Caju foi frequentada por muitos dos Bragança, desde o filho de D. Maria, a Louca até Dom Pedro II. Segundo Samuel Malamud no ótimo Recordando a Praça Onze: "Nas madrugadas, principalmente aos sábados e domingos, famílias inteiras enchiam os bondes que levavam às margens da Baía da Guanabara, nas imediações da parte do porto denominada Ponta do Caju. [...] O movimento dos banhistas era grande e tinha-se a impressão de que se tratava de uma excursão coletiva de lazer".

(nas proximidades da atual Rodoviária Novo Rio) e passava pelas praias de São Cristóvão, do Lázaro, das Palmeiras até a Ponta do Boticário, em frente à Ilha das Moças. Para o melhor entendimento, a Praia de São Cristóvão era compreendida entre as ruas Benedito Otoni, Praça Padre Séve (Paróquia de São Cristóvão) e Rua Monsenhor Manuel Gomes até a Ponta do Caju. Ela foi aterrada no início do século XX, como continuação das obras do Porto do Rio. Da Praia de São Cristóvão não resta sequer o nome: corresponde à atual Rua Monsenhor Manuel Gomes. A Praia do Caju sobrevive ironicamente como nome de rua, Rua Praia do Caju. E no seu número 385 fica a antiga Casa de Banhos de Dom João VI. A casa foi tombada pela Secretaria de Patrimônio Histórico e Artístico Nacional em 1937 e abriga, o Museu da Limpeza Urbana – fechado há anos e sem previsão de reabertura. Todavia, a antiga Casa de Banhos Dom João VI inspirou a abertura de outras casas de banho na cidade. Aos fatos, pois.

AS CASAS DE BANHO

Presumidamente de origem inglesa, as chamadas *bathing machines* (máquinas de banho) foram criadas em 1750. Eram cabines onde as pessoas trocavam de roupa antes (e depois) do banho de mar. Ainda no século XIX, surgiram as primeiras casas de banho no Rio de Janeiro, nas praias de Santa Luzia e do Boqueirão. Primeiro

> eram simplesmente locais onde se ofereciam 'banhos de cachoeira' (chuveiros). Mais tarde, tais casas surgiram também nas proximidades do litoral. O espaço urbano lentamente se modificava para garantir a melhor distribuição da "milagreira" água, considerada fundamental para evitar as epidemias.
> Não podemos negar que os banhos de mar só se tornaram realmente mais populares já no século XX, no contexto do desenvolvimento de uma reforma urbana e de um novo estilo de vida ligado a uma cultura burguesa em formação, mas devemos observar que já no decorrer da segunda metade do século XIX essa prática foi crescentemente ganhando espaço na cidade, entre os membros das camadas mais ricas da sociedade.[29]

---

29. V. A. de Melo, O mar e o remo no Rio de Janeiro do século XIX. *Revista Estudos Históricos: Esporte e Lazer*, Rio de Janeiro, Fundação Getúlio Vargas, v. 13, n. 23,

Os principais relatos que temos das casas de banho no centro do Rio de Janeiro devemos ao escritor João do Rio, que, em 26 de junho de 1911, escreveu sobre o assunto no periódico carioca *Gazeta de Notícias:*

> a casa era um estabelecimento sui generis, uma espécie de labirinto de corredores, tendo de cada lado cochicholos (pequenos quartos) de metro e pouco de largura sobre dois de comprimento (...) Em cima, os quartos do terraço, que eram de assinaturas, importantes e mais caros! Um cheiro de alga, um cheiro sadio de mar era a própria atmosfera, e ouvia-se nas areias a voz das ondas quebrando-se.[30]

No final do século XIX, homens e mulheres eram colocados em uma distância regulamentar nas nossas praias. Quem desrespeitasse esse distanciamento social praiano era reprimido com veemência pela polícia. Mas nem todo esse aparato policial conseguiu inibir

> uma gritaria infernal, sob o sol dourado e o olhar de dezenas de sujeitos que iam para o terraço do Passeio (na Praia do Passeio, centro do Rio de Janeiro) ver aquele espetáculo e dar conta dos beliscões e dos beijos que as ondas nem sempre ocultavam.[31]

Esses banhos de mar ocorreriam entre às 3 e 5 horas da manhã – evidentemente, ainda sem sol. Nessa época, as roupas femininas de banho ainda eram muito rigorosas, sendo constituídas de

---

1999, p. 41-71, p. 45. Disponível em: http://bibliotecadigital.fgv.br/ojs/index.php/reh/article/view/2088/1227. Acesso em: 12 mar. 2021.
30. J. do Rio, Os banhos de mar. Um uso carioca a desaparecer, *Gazeta de Notícias*. Rio de Janeiro, ano XXXVI, n. 177, 26 de jun. 1911, p. 1.
31. J. do Rio, Os banhos de mar. Um uso carioca a desaparecer, *Gazeta de Notícias*, Rio de Janeiro, ano XXXVI, n. 177, 26 de jun. 1911, p. 1.

calças muito largas de baeta tão áspera que mesmo molhada não lhe pode cingir o corpo(...). As calças vão até tocar o tornozelo quando não caem num babado largo, cobrindo o peito do pé. Toda a roupa é sempre azul-marinho e encadarçada de branco. Sapatos de lona e corda, amarrados no pé e na perna, à romana. Na cabeça, vastas toucas de oleado, com franzido à Maria Antonieta, ou exagerados chapelões de aba larga, tornando disformes as cabeças, por uma época em que os cabelos são uma longa, escura e pesada massa.[32]

Era também expressamente proibido fazer furos nas cabines de banho. Aviso que não se mostrava lá muito eficaz, pois muitos desses quartos pareciam verdadeiras peneiras. As senhoras eram obrigadas a forrar as paredes de tábuas com lençóis, se quisessem fugir ao olho atrevido dos vizinhos. João do Rio atribui as primeiras casas de banho da Praia de Santa Luzia a um francês de boa ideia, meio judeu, que, segundo ele, criou o traço de união entre o mar e a urbe. Todavia, outros relatos dão conta de que os primeiros estabelecimentos inaugurados na Praia do Boqueirão eram do espólio de Madame Dordeau. Segundo essas fontes, ela teria inaugurado o negócio de banhos contabilizando

[p.82-3]
Seguramente o primeiro trecho de orla a ser usado como balneário pelos cariocas. Primeiro, vieram os banhos terapêuticos, como costume em séculos passados; só mais tarde a praia passou a ser destino de lazer, recebendo até as pequenas construções chamadas "casas de banho". No começo do século XX, a praia também foi palco para competições esportivas como corridas de cavalo e esportes aquáticos. Hoje, quem passa na frente da Igreja de Santa Luzia (no centro do Rio) nem imagina como era diferente o encanto da paisagem.

---

32. L. Edmundo, *O Rio de Janeiro do meu tempo*, Rio de Janeiro: Conquista, 1957, p. 838.

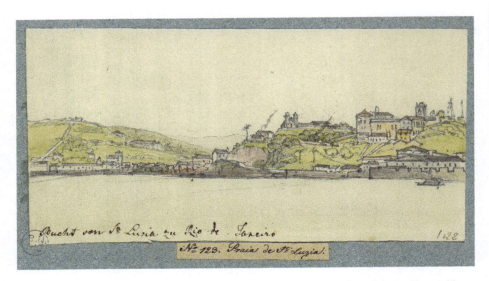

A Santa que dá nome a praia é a padroeira dos oftalmologistas e daqueles que têm problemas de visão. Mas como é belo o desenho da Praia de Santa Luzia do austríaco Thomas Ender. Durante sua permanência no Brasil, Ender faz mais de 700 desenhos e aquarelas. A bordo do navio, realiza um panorama circular da Baía de Guanabara. No Rio de Janeiro, o artista registra as igrejas, os edifícios públicos, as praças e seus arredores.

O Saco do Alferes em São Cristóvão: Saco é o termo que a geografia usa para descrever uma pequena enseada, especialmente as protegidas por baías. O Saco de São Cristóvão e do Alferes somente pode ser visto hoje em antigos mapas e desenhos, feitos até o final do século XIX. A faixa de mar que ficava entre o Morro de São Diogo e antiga Praia de São Cristóvão até o Caju foi totalmente aterrada para dar lugar ao bairro do Santo Cristo, Rodoviária e Avenida Francisco Bicalho. Era também no Saco de São Diogo ou Enseada de São Cristóvão que ficava a Praia Formosa.

50 quartos, em 1870. Chegou à marca de 400 aposentos, em 1904. Um ótimo negócio, não é mesmo? Reza a história que Madame Dordeau fez fortuna nas praias cariocas. Entretanto, em seu tempo, o carioca não passava horas e horas nas praias. Os banhos de mar duravam apenas dez minutos, se tanto. Os encontros sociais mais demorados se davam mesmo após o banho de mar, nas casas de banho, que ofereciam café da manhã, em um ambiente ruidoso e festivo:

> nos estabelecimentos [casas de banho] era a entrada e a saída, o vaivém febril, corridas de gente molhada, corridas de gente já vestida, cumprimentos, risos, apertos de mão, a cordialidade dos ajuntamentos, que leva a ligações duradouras, ao amor, ao devaneio sentimental. (...) E no café, com os pulmões iodados, a face fresca, aquele barulho de xícaras batendo nos pires, o café e o leite fumegantes, as brioches tenras (sic), os jornais desdobrados, a festa ao ar livre, antes das ocupações de cada um!.[33]

BANHOS DE MAR: UM USO CARIOCA A DESAPARECER

Com o sugestivo título "Os banhos de mar: um uso carioca a desaparecer", o grande escritor João do Rio disse acreditar piamente que os banhos de mar estavam com os dias contados, em consequência das reformas urbanas no início do século XX, que tinham "reduzido a escombros os estabelecimentos balneários para formar a linha do cais".[34] Ainda segundo o grande escritor, o último reduto a desmoronar seria a Praia de Santa Luzia, com certeza o primeiro balneário carioca e onde

---

33. J. do Rio, Os banhos de mar, Um uso carioca a desaparecer, *Gazeta de Notícias*, Rio de Janeiro, ano XXXVI, n. 177, 26 de jun. 1911, p. 1.
34. *Ibidem*.

havia "o último reflexo do que vai morrer".³⁵ Porém, João do Rio estava bastante enganado. Em poucos anos as praias seriam transformadas em uma grande área de lazer, entretenimento e sociabilidade, dando um pontapé inicial a um processo que "sempre" pareceu natural e hereditário para o carioca.

No início do século XX, diria até mesmo no final do século XIX, os banhos de mar estavam se consolidando como uma coqueluche no Rio de Janeiro, em praias próximas ao Centro, à Saúde e à Gamboa. Na zona central da cidade, além da célebre Praia de Santa Luzia, os mergulhos também aconteciam na Praia do Passeio, na Praia do Boqueirão, na Praia das Virtudes, na Praia do Mercado, na Praia Dom Manuel, na Praia do Peixe, na Praia dos Mineiros. Na Ponta do Calabouço começava a Praia de Santa Luzia (antiga Praia da Piaçava). A Capela de Santa Luzia, que deu nome à praia, começou como uma pequena ermida que, presumidamente, em uma das versões da história, abrigou os primeiros franciscanos aportados no Rio de Janeiro, em fins do século XVI. Além da Praia de Santa Luzia, as Praias da Ajuda, do Boqueirão e do Passeio (também na zona central da cidade) eram "muito frequentadas pelas famílias que ali vão tomar banhos de mar".³⁶ No início século XX, os banhistas e as casas de banho se espalharam, em especial, pela Praia de Santa Luzia.

Outra praia que também fazia parte dessa zona do agrião carioca era a Praia das Virtudes. Na realidade, uma continuação da Praia de Santa Luzia. Diz a história e a lenda que ela recebeu tal alcunha em 1926, pois nesse ano foi colocada uma placa "Praia das Virtudes" em um muro que havia junto à Igreja de Santa Luzia, próxima à sede náutica do Vasco da Gama. Tudo leva a crer que a chapa foi um gol de placa dos remadores

---

35. J. do Rio, Os banhos de mar, Um uso carioca a desaparecer, *Gazeta de Notícias*, Rio de Janeiro, ano XXXVI, n. 177, 26 de jun. 1911, p. 1.
36. A. F. de Souza, *A Bahia do Rio de Janeiro: sua história e descrição de suas riquezas*, Rio de Janeiro: Typographia Militar de Costa & Santos, 1882, p. 142.

Em 1926, na murada que havia junto a Igreja de Santa Luzia, próxima a sede do Vasco, inaugurou-se a nova praia onde as "virtudes" foram celebradas no reinado de Momo! Onde os remadores vascaínos realizaram seu pré-carnaval com um banho de mar à fantasia.

Banhistas na praia de Santa Luzia.

Praia de Santa Luzia (antiga Praia da Piaçava) seguramente o primeiro balneário carioca. Segundo o grande escritor Lima Barreto "o último reflexo do que vai morrer".

As águas encantadas da Baía de Guanabara

do Vasco da Gama, que realizaram no local um banho de mar à fantasia. E ali inauguraram a nova Praia das 'Virtudes'".[37]

Outro *habitué* da Praia das Virtudes era o pernambucano João Francisco dos Santos, também conhecido como Caranguejo da Praia das Virtudes. João Francisco – que no auge da forma já teve mais nomes do que estelionatário – já foi: João Braz da Silva, Jamaci, a Rainha da Floresta, Gilvan Vasconcelos, Mulata do Balacochê, Pedro Filismino e ainda Caranguejo da Praia das Virtudes. Esse último, entre tantas virtudes, virou tema de música do grupo Nação Zumbi, "O caranguejo da Praia das Virtudes":

> "Os ecos sentavam ao lado dos barracões / E as donas reverberando, virando os olhos com opiniões / Nas quebradas com sua pastorinha no bolso / O caranguejo da Praia das Virtudes / Sem medo! / Sem medo! / Sem medo! / Sem medo!".[38]

Em 1936, ano que José Francisco dos Santos virou definitivamente Madame Satã, a Praia da Virtudes virou pista de pouso e decolagem. E nas suas águas se deu a construção do Aeroporto Santos Dumont.

Mas como tem gente do mar na Baía de Guanabara! Escravizados, marujos, piratas, marinheiros. O embarque agora é no mosaico negro nas águas do Recôncavo Carioca.

---

37. A praia das Virtudes. O banho de mar à fantasia promovido pelo clube C. Vasco da Gama. *Revista Careta*. Rio de Janeiro, ano XIX, n. 919, 30 de jan. 1926. P. 29.
38. O caranguejo da Praia das Virtudes, Nação Zumbi, in *Rádio S.Amb.A: Serviço Ambulante de Afrociberdelia*, Recife: YB Music, 2000, faixa 2.

CAPÍTULO III

*A Baía
Negra*

"Glória aos piratas, às mulatas, às sereias.
Glória à farofa, à cachaça, às baleias."

JOÃO BOSCO e ALDIR BLANC, O "mestre-sala dos mares"

Não foram poucos pesquisadores, historiadores, jornalista e memorialistas que tentaram compreender a dinâmica da escravização nas ruas do Rio de Janeiro. Com os primeiros povos africanos chegando em 1550 e os últimos na década de 1850, calcula-se que mais de 4 milhões de pessoas escravizadas tenham desembarcado nos portos brasileiros. O tráfico transatlântico de escravizados africanos no Brasil tomou uma dimensão inédita no Novo Mundo. Do século XVI até meados do século XIX, o país foi o maior importador de escravos africanos das Américas. Amontoadas nos porões dos navios, onde a ventilação era mínima, com pouca água potável e alimentos de má qualidade e insuficientes. Os escravizados chegavam às águas da Guanabara, aliás, com as mesmas roupas usadas em que foram entregues às caravanas dos comboieiros, na primeira etapa do tráfico.[1] Dessa forma, doenças como disenteria, malária, febre amarela, escorbuto e varíola tinham nesses ambientes sua proliferação.

Antes da criação do complexo do Valongo, em 1769, a comercialização de negros escravizados acontecia na Rua Direita. O complexo era formado por quatro setores articulados: a Rua do Valongo; o Cemitério dos Pretos Novos; o Lazarento dos escravos (fundado em 1810) e o Cais do Valongo, construído em 1811, em substituição à antiga ponte de madeira que era usada para o desembarque dos escravizados na Praia do Valongo, desde 1774. O Brasil foi a única nação independente que praticou maciçamente o tráfico negreiro. As classes dominantes trataram logo de criar mecanismos de controle e repressão. Porém, as preocupações com o controle

---

[1]. A. Eugênio, *Lágrimas de sangue: a saúde dos escravos no Brasil da época de Palmares à Abolição*, São Paulo: Alameda Editorial, 2016, p. 145-146.

Portal na Praia do Zumby, na Ilha do Governador. Diferente do que muita gente pensa, o título nada tem a ver com Zumbi dos Palmares. O local é assim chamado, presumidamente desde 1872, devido a uma assombração que rondava o pedaço.

da população não se restringiam às ruas da cidade; mas e também, às "classes perigosas" que viviam o cotidiano fluvial da Baía de Guanabara.

COTIDIANO FLUVIAL-MARÍTIMO DA BAÍA DE GUANABARA

A Baía de Guanabara foi bastante utilizada para o comércio de mercadorias e para o tráfico de escravos com a metrópole colonial e as feitorias na África. A cidade do Rio de Janeiro se tornou um dos maiores centros mercantis durante mais de três séculos seguidos da colonização portuguesa. As embarcações que povoaram as águas da Guanabara também criaram vínculos entre a cidade e a produção agrícola do recôncavo, gerando um roteiro intenso de navegação entre os portos nos estuários dos rios e os das praias mais próximas ao centro comercial urbano configurado nas freguesias litorâneas.

Emergia daí um cotidiano fluvial-marítimo envolvendo a presença notória de marinheiros, barqueiros e remadores cativos. Assim como as atividades de transporte de mercadorias em terra exigia um elenco de escravos para sua mobilização do porto às casas comerciais, e destas aos ancoradouros das praias vizinhas, também se fazia necessário uma multidão de escravos para levá-las e trazê-las dos navios por meio das mais diversas e diferentes embarcações. Como lembra Mary Karasch:

Vista da Prainha, tomada do bairro da Saúde. No século XIX, as enseadas da Prainha, Valongo, Alferes e Gamboa, com uma atividade portuária intensa, sofreram novos aterros e companhias de navegação lá instalaram-se para o transporte de passageiros e de cargas.

A Baía Negra

Port Marchand de la Saude: Na segunda metade do século XIX os morros do Livramento, tradicional reduto dos capoeiras, da Conceição e Saúde foram ocupados por residências. Estes locais, até então de moradia de pessoas pobres, valorizaram-se. O porto da Praia da Saúde era um dos preferidos para o embarque e desembarque de mercadorias e de passageiros para São Cristovão, Inhaúma e Irajá.

Desse grupo de cativos, parece que a maioria navegava pela baía sem seus donos e gozava de uma existência menos controlada, sem dúvida porque se confiava neles. Infelizmente, essa liberdade não era o quinhão da maioria dos barqueiros e marinheiros, pois trabalhavam sob a supervisão disciplinadora do senhor ou feitor ou manejo de escravos e marinheiros das galeras.[2]

O controle das embarcações e suas tripulações sempre se fez presente na cidade. Seu exemplo mais contundente é o regimento emitido

---

2. M. C. Karasch, *A vida dos escravos no Rio de Janeiro (1808-1850)*, São Paulo: Companhia das Letras, 2000, p. 267.

A partir de 1769, os escravizados vindos de várias nações africanas passaram a desembarcar na Praia do Valongo.

pela Polícia da Corte em 1829, destinado a regular as atividades fluviomarinhas na Baía da Guanabara. O fato é que,

> tratava-se de medidas preventivas que buscavam controlar as pessoas, as embarcações e as atividades que eram exercidas na Baía de Guanabara. Esperava-se que com o registro e a descrição das pessoas fosse possível controlar a cobrança de taxas e impostos, mas também da circulação dos escravos, evitando fugas e desordem na cidade através do controle da baía.[3]

---

3. N. R. Bezerra, *Mosaicos da escravidão: identidades africanas e conexões atlânticas do Recôncavo da Guanabara (1780-1840)*. Tese (Doutorado em História) – Instituto de Ciências Humanas e Filosofia, Departamento de História, Universidade Federal Fluminense, Niterói, 2010, p. 114.

Diz o regimento:

1. Todos os Juízos de Paz apresentarão uma lista das embarcações pertencentes às pessoas dos distritos de sua jurisdição, designando nome de seus tripulantes, nome dos barcos, serviço em que se emprega, e se é de frete ou particular.
2. Todos devem no prazo de um mês destas publicadas receber do Juiz de Paz um boletim com as declarações assim, e com eles apresentarem-se no Arsenal de Marinha para ali serem numeradas fazendo-se um lançamento sobre declarações e sinais do Arraes (...).
3. Que todas as embarcações que forem encontradas sem esta numeração se considerem suspeitas e em estado de averiguação.
4. Todos os botes de demais embarcações empregadas no serviço de quitanda pelo mar serão obrigadas a legitimar os mascates e quitandeiros que são de qual distrito.

Rio de Janeiro, 15 de Janeiro de 1829.[4]

A composição de cada embarcação poderia variar, mas no geral elas tinham um mestre (denominado arrais) e entre um e oito remadores (de acordo com o porte, a necessidade e o tipo de serviço que oferecia). Chama atenção, merecendo destaque imediato, o fato de 22,5% das embarcações utilizadas serem canoas de frete. As embarcações de frete, além de mais requisitadas, eram também dos tipos mais variados, tais como botes, saveiros, canoas, lanchas, faluas e catraias. Nesse período, o missionário protestante Daniel Kidder deixou registros, ao relatar a tripulação de uma dessas embarcações:

---

[4]. Arquivo Nacional, *Polícia da Corte (Diversos Códices)*, Códice 413, vol. 1, Rio de Janeiro, 1829-1832.

Tipos de embarcação que circulavam no interior da Baía de Guanabara (1829-1832)

Tipos de embarcação	Quantidade	%
Escalér de frete	4	0,5
Escalér particular	1	0,1
Catraia de frete	75	10
Embarcação de frete	3	0,4
Bote de frete	75	10
Falua de frete	15	2
Barco de pescaria	11	1,5
Bote de quitanda	62	8,3
Bangula de pescaria	4	0,5
Catraia particular	2	0,2
Canoa de pescar	79	10,7
Lancha de pescar	9	1,3
Canoa particular	17	2,3
Lancha de frete	13	1,7
Canoa de ganho	1	0,1
Canoa de frete	168	22,5
Barco de descarga	17	2,3
Saveiro de descarga	9	1,2
Saveiro de frete	21	2,8
Bote particular	4	0,5
Barco particular	30	4
Barco de frete	111	15
Canoa de água	13	1,8
Prancha de pescar	1	0,1
Batelão particular	2	0,2
Total	747	100

Fonte: Arquivo Nacional. *Polícia da Corte.* Códice 413. Rio de Janeiro, 1829-1832.

Quando chegamos ao ponto onde devíamos tomar a embarcação (Praia dos Mineiros), fomos, como de costume, assaltados por cerca de cinquenta barqueiros, e tremenda concorrência, oferecendo botes, faluas ou canoas... Esses homens pertencem à numerosa classe de escravos adestrados no mister de catraieiros e empregados no transporte de passageiros no interior da baía. Dão-lhes botes e canoas pelos quais ficam pessoalmente responsáveis, assumindo perante seus senhores a obrigação de pagar certa parcela diária, depois de deduzida a quantia necessária a sua subsistência... não trabalham apenas para ganhar a vida, mas para escapar ao castigo que lhes está reservado caso não consigam entregar a seus senhores a parcela estipulada... alugamos um bote munido de vela e remos conduzidos por dois negros que se diziam perfeitos conhecedores de todos os portos da baía.[5]

No total foram catalogadas, no período, 747 embarcações, fora as embarcações sem registro, é claro.

A Baía de Guanabara significava a dolorosa chegada de milhares de africanos e africanas na condição de escravizado(a)s e também era a possibilidade de fuga e retomada da liberdade. A extensão da baía dificultava um controle mais eficaz em relação às fugas, tornando uma apreensão permanente e uma missão por demais complexa para as autoridades policiais da cidade.

Era comum os reclamos nos jornais à vigília de navios ancorados na baía para reprimir fugas de escravos da cidade. No *Diário do Rio de Janeiro*, datado de 19 outubro de 1830, encontramos o seguinte anúncio:

Da casa de Antônio Machado de Carvalho, na Rua de São Pedro número 9, entre a Rua Direita e o Trapiche do Trigo, fugiu um escravo no dia 27 de

---

5. D. P. Kidder, *Reminiscências de Viagens e Permanência no Brasil (Províncias do Sul)*, Rio de Janeiro: Biblioteca Histórica Brasileira, 1972, p. 145-146.

A última praia de zona do central da cidade era a Praia de Braz de Pina. Praia assim denominada em memória do rico negociante Antônio Braz de Pina. Antigo sesmeiro de terras em Irajá e um dos primeiros contratadores da pesca da baleia da cidade. Só a partir do século XVIII é que a praia passou a chamar-se Praia dos Mineiros. Supostamente, pela preferência que lhe davam os mestres de embarcações procedentes de Minas Gerais.

Em 1855, circulavam mais de 12 mil escravizados marinheiros no Rio de Janeiro, entre matriculados no próprio porto ou vindos de outras províncias. Ser marujo, naturalmente, oferecia ao escravizado mais oportunidades de acesso à liberdade. Detalhe na imagem de Rugendas para o marinheiro carregando um rapaz (de chapéu) nos ombros.

setembro próximo passado com uns machos no pé direito, ladino, com os sinais seguintes, alto, cheio de corpo, bem parecido, cara redonda, olhos pequenos e vivos, nariz fino, com alguns sinais de bexiga, nação Mina Sauté (...) foi marinheiro, e é pombeiro, costuma vender no capinheiro, e na Cidade Nova, vai comprar peixe na Tijuca, Jacarepaguá, e na Lagoa, para vender na cidade, anda muito asseado, inculca-se por forro, e é da Irmandade de Santa Ifigênia, esteve aproximadamente três meses fugido, e foi preso pelos capitães do mato, mas pagou para o soltarem; roga-se ao Srs. Comandantes do Registro toda cautela na saída de embarcações por ser bom marinheiro, e qualquer pessoa que o achar será bem recompensado do seu trabalho.[6]

Lendas audaciosas de marinheiros cativos e escravos urbanos fugidos pelo mar se multiplicam em jornais, como a de um certo Manoel que "consta ter andado embarcado para Lisboa e Pernambuco; há notícias que anda à procura de lugar a bordo de embarcações".[7]

O trabalho como o de marinheiros, remadores e barqueiros, de mascates e quitandeiros marítimos e até o de pescadores, não só trazia conhecimentos sobre o litoral do recôncavo, tornando possível fugas bem-sucedidas da condição de cativo, como proporcionavam também os contatos em navios, tabernas, casas de hospedagem e ruas nas proximidades dos portos, com a marujada estrangeira e nacional com a qual os escravos poderiam partilhar relações de camaradagem e proteção em terra e no mar. Portanto, não eram incomuns fugas em pequenas embarcações em busca da liberdade, ou mesmo o ingresso clandestino em navios, envolvendo marinheiros cativos e escravos marítimos.

---

6. Escravos fugidos. *Diário do Rio de Janeiro*, Rio de Janeiro, ano 1830 n. 16, 19 out. 1830, p. 4.
7. *Jornal do Comércio*, 17/07/1831; apud Farias, Juliana Barreto et al. Cidades Negras 2006, p 46.

ANDAR FORA DE HORA

Nessa altura, já demos conta que as autoridades não iriam perder o controle das águas da Guanabara. As matrículas das embarcações eram registradas em livros do Arsenal de Marinha, que ficavam à disposição da Polícia da Corte e cada embarcação recebia uma espécie de passaporte a ser apresentado como comprovante do registro. O registro continha o tipo e o nome da embarcação, o serviço para o qual ela era solicitada, o nome e o endereço do proprietário, a lista dos tripulantes e o nome e a função da autoridade encarregada. Com esse controle todo, uma parte considerável de marujos não desembarcava e a sua sociabilidade se dava sobre as águas da baía. Visitavam seus camaradas em outros navios, compravam comida e bebida contrabandeadas nos botes de quitanda. Porém, muitos marinheiros circulavam nas ruas do Rio de Janeiro e alguns acabavam presos por brigas, porres, "andar fora de hora", falar palavras obscenas, portar armas proibidas e, eventualmente, por assassinar seus colegas. Este foi o caso de José da Cunha, primeiro-marinheiro da Armada, que matou seu "camarada" Rufino José dentro da embarcação Príncipe Imperial. Cunha recebeu do Conselho Naval a rara punição máxima dos artigos de guerra: a pena capital. Uma das justificativas é que ele sequer estava bêbado. Cunha foi justiçado (enforcado) em 18 de outubro de 1843,[8] no Largo do Moura, local de enforcamento de militares e escravos.[9]

Com a corda toda, João do Rio descreveu a vida nos portos cariocas e suas ruas da proximidade do mar:

---

8. Execução de sentença de morte. *Gazeta dos Tribunais*, Rio de janeiro, ano 1, n. 74, 17 out. 1843. Conselho Naval, p. 4.
9. S. Jeha, A cidade-encruzilhada: o Rio de Janeiro dos marinheiros, século XIX, *Revista do Arquivo Geral da Cidade do Rio de Janeiro*, Rio de Janeiro, v. 9, p. 77-89, 2015, p. 79. Disponível em: http://wpro.rio.rj.gov.br/revistaagcrj/wp-content/uploads/2016/11/e09_a29.pdf. Acesso em: 12 mar. 2021.

Em 1840, a casa impressora Oficina de Frederico Guilherme Briggs imprimiu uma série de 50 ilustrações, de autoria atribuída a Joaquim Lopes de Barros Cabral (Rio de Janeiro RJ 1816 - idem 1863). Esses trabalhos se destacam pela representação de diversos "tipos urbanos" do Rio de Janeiro. Entre eles os marinheiros da hinterlândia carioca. As ilustrações, reunidas, dão origem ao álbum Costumes Brazileiros, *editado em 1840.*

Ide às ruelas da Misericórdia, trechos da cidade que lembram o Amsterdão sombrio de Rembrandt. Há homens em esteiras, dormindo na rua como se estivessem em casa. Não nos admiremos. Somos reflexos. O Beco da Música ou o Beco da Fidalga reproduzem a alma das ruas de Nápoles, de Florença, das ruas de Portugal, das ruas da África, e até, se acreditarmos na fantasia de Heródoto, das ruas do antigo Egito. E por quê? Porque são ruas da proximidade do mar, ruas viajadas, com a visão de outros horizontes. Abri uma dessas pocilgas que são a parte do seu organismo. Haveis de ver chineses bêbados de ópio, marinheiros embrutecidos pelo álcool, feiticeiras ululando canções sinistras, toda a estranha vida dos portos de mar. E esses becos, essas betesgas têm a perfídia dos oceanos, a miséria das imigrações, e o vício, o grande vício do mar e das colônias...[10]

Nessas "ruas de proximidades do mar, ruas viajadas",[11] como descreveu João do Rio, os capoeiras eram personagens frequentes na Baía Negra. As primeiras informações sobre a capoeira como atividade lúdica e combativa de escravos, africanos e crioulos, no Brasil, remete à virada do século XVIII para o XIX. No Rio de Janeiro, essa prática "aponta para a formação de grupos de escravos (maltas) e para o domínico de parcelas do espaço urbano (territorialização)".[12] O termo "capoeira" tem outros significados como "cesto grande de palha" e "espécie de trincheira, ou clareira, na floresta".[13] Em artigos publicados no jornal *Rio Esportivo* entre julho e outubro de 1926, o escritor Adolfo Morales de los Rios Filho sustenta que capoeira era uma dança marcial dos negros carregadores de cestos. Esses, ainda de acordo com o escritor, eram fortemente presentes na antiga estiva do Rio de Janeiro e na Freguesia de Inhaúma. Também não era incomum a atuação de maltas de capoeiras como capangas, guarda-costas político-eleitorais, como foram os exemplos de: Inácio Corta-Orelha, Camisa Preta, Manduca da Praia, Peixe Frito, Antônio Gato. Os castigos de quem era pego em exercícios de capoeiragem eram duríssimos. No calabouço, chegavam a 300 açoites. A escala repressiva culminou com a transferência de grande parte

---

10. J. do Rio, *A alma encantadora das ruas*, São Paulo: Companhia das Letras, 1997, p. 62.
11. *Ibidem*
12. A. L. C. S. Pires e C. E. L. Soares, Capoeira na escravidão e no pós-abolição, in L. M. Schwarcz e F. S. Gomes (Orgs.), *Dicionário da escravidão e liberdade*, São Paulo: Companhia das Letras, 2018, p.137.
13. *Ibidem*

desses capoeiras (escravizados ou não) para a Presiganga, nau ancorada na Baía de Guanabara que servia como navio prisão.

Até onde sabemos, uma das atividades mais comuns dos cativos era a carga e descarga de mercadorias nos portos e nas ruas. Aliás, carregar qualquer coisa era atividade escrava. E eram chamados de tigres os escravizados que transportavam na cabeça as latrinas que seriam despejadas em terrenos baldios ou nas águas da Guanabara. Intercaladas com cal para evitar o cheiro dos dejetos, as sujeiras eram acumuladas em barris escondidos nos fundos das casas. Quando cheios, os baldes eram transportados pelos tigres até lugares "propícios". Os barris eram chamados de tigres e aqueles que os carregavam também.

> Com as ruas cada vez mais cheias, era comum a cena desagradável das barricas que, ao transbordar, espalhavam fezes nos corpos dos escravos e negros de ganho. Ao ver um tigre passar, as pessoas levavam lenços aos narizes, os caminhantes se esquivavam, viravam o rosto ou se encolhiam. O medo do esbarrão era algo sempre presente para os passantes, afinal, ninguém queria ser "premiado" com um banho de excrementos.[14]

Conta a história que os tigres alertavam a população com os gritos de: "Vira! Vira! Abre o olho! Abre o olho!"

Seguindo esta mesma linha, é possível considerar a Baía de Guanabara como uma Baía Negra, principalmente pela presença significativa de escravizados, livres e alforriados em seus portos e águas. Estudos recentes dão conta de que se pode também comparar as características fluviais do Recôncavo da Guanabara com o litoral e rios que caracterizavam diversas regiões africanas.

---

14. F. R. Dossin., *Entre evidências visuais e novas histórias: sobre descolonização estética na arte contemporânea*. Tese (Doutorado em História) – Centro de Filosofia e Ciências Humanas, Programa de Pós-Graduação em História, Universidade Federal de Santa Catarina, Florianópolis, 2016, p. 179.

Assim como no recôncavo existia um volumoso comércio fluvial, com ampla circulação de mercadorias, pessoas e informações, em várias partes do litoral africano tal prática não era incomum, permitindo o estabelecimento de paralelos entre os escravos africanos que viviam nas freguesias do recôncavo com sua vida anterior à travessia atlântica. Neste sentido, foi possível identificar a maioria dos marinheiros e barqueiros africanos da Baía de Guanabara, cujas procedências eram de regiões africanas que tinham grandes rios e costume de navegação, como Moçambique e Cabinda.[15]

---

15. N. R. Bezerra, *Mosaicos da escravidão: identidades africanas e conexões atlânticas do Recôncavo da Guanabara (1780-1840)*. Tese (Doutorado em História) – Instituto de Ciências Humanas e Filosofia, Departamento de História, Universidade Federal Fluminense, Niterói, 2010, p. 216.

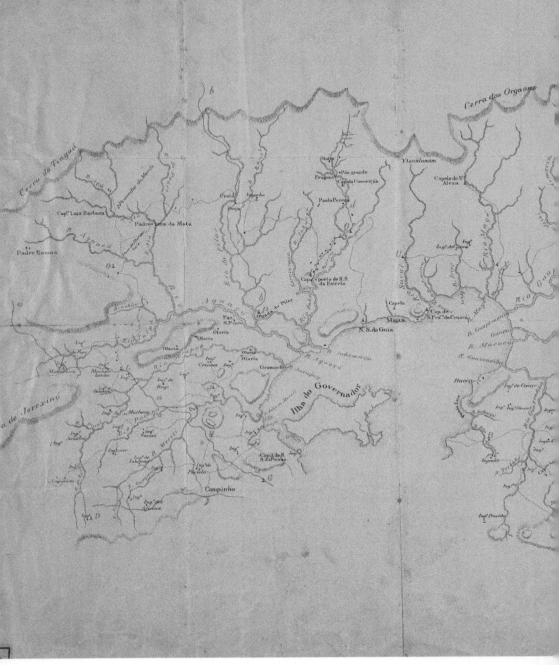

Em 1767, foi produzida a conhecida "Carta Topográfica da Capitania do Rio de Janeiro", de autoria do Sargento-mor Manoel Vieira Leão. Esse mapa é também o documento cartográfico mais antigo que possuímos do Rio canavieiro, pois indica, claramente, os engenhos que então estavam em funcionamento na capitania.

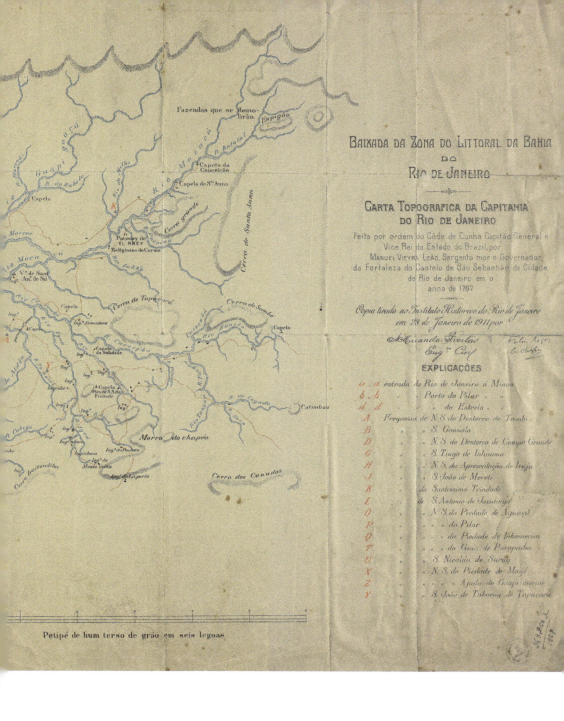

A Baía Negra

Todavia, é preciso ter em conta que os grandes portos negreiros se situavam na proximidade de bacias hidrográficas extensas, como a do Rio Senegal, do Gâmbia (Senegâmbia), dos rios Congo e Cuanza (Congo-Angola), dos rios Níger e Volta (Golfo de Guiné), do Zambeze, do Limpopo (Moçambique) e, em especial, dos rios Bonny e Calabar, na Baía de Biafra.

Em 1855, circulavam mais de 12 mil escravos marinheiros no Rio de Janeiro, entre matriculados no próprio porto ou vindos de outras províncias. Ser marujo, naturalmente, oferecia ao escravo mais oportunidades de acesso à liberdade. Entre 1829 e 1832, segundo Bezerra *em Mosaicos da escravidão: identidades africanas e conexões atlânticas do Recôncavo da Guanabara (1780-1840)*, entre todos os portos da baía, havia mais de dois, mil remadores africanos de 31 'nações' distintas. "A maioria era moçambique (30%), benguela (17%), cabinda (15%) e congo (10%).[17] Apenas, ainda

Antes das dez da manhã, quando o sol começava a subir alto e as sombras das casas se encontravam, os homens brancos se faziam raros pelas ruas e viam-se então os escravos madraceando à vontade, ou sentados à soleira das portas, fiando, fazendo ou tecendo uma espécie de erva, com que fabricavam cestos e chapéus. Outros, entre os quais havia alguns pretos forros, prosseguiam nos seus trabalhos de entregadores, saíam a recados ou levavam à venda sobre pequenos tabuleiros, frutas, doces, armarinhos, algodõezinhos estampados e uns poucos gêneros. Todos eles eram pretos, tanto homens como mulheres, e um estrangeiro que acontecesse atravessar a cidade pelo meio dia quase poderia supor-se transplantado para o coração da África.[16]

---

16. J. Luccock, *Notas sobre o Rio de Janeiro e partes meridionais do Brasil* tomadas durante uma estada de 10 anos nesse país, de 1808 a 1818, São Paulo: Ed. da USP, 1975. p. 74-75.

17. N. R. Bezerra, *Mosaicos da escravidão: identidades africanas e conexões atlânticas do Recôncavo da Guanabara (1780-1840)*. Tese (Doutorado em História) – Instituto de Ciências Humanas e Filosofia, Departamento de História, Universidade Federal Fluminense, Niterói, 2010, p. 136.

Revolta da Chibata: Dreadnought S. Paulo. Comandante, immediato e officialidade do grande couraçado.

segundo Bezerra, 225 remadores eram não africanos, dos quais a metade criolo/pardo, e o restante, europeus.

Mais uma vez, as águas da Guanabara apresentam um panorama bastante complexo e diversificado. De acordo com Rodrigues, a faixa etária dos arrais se estendia de 16 anos a 60 anos. A maioria absoluta era de homens que estavam entre a juventude e a maturidade (20 a 40 anos), cuja soma chega a 77,6%. Esse mosaico nas águas da Baía Negra da Guanabara não era formado apenas pelas inúmeras nações escravizadas, muitos eram nascidos no Brasil, como os criulos, outros tantos

A Baía Negra

eram estrangeiros não africanos, procedentes de diferentes regiões da Europa e do mundo. Assim, reafirma-se um ambiente cosmopolita nas águas da Baía Negra. Ambiente que poderia ser tão ou mais diversificado que o das ruas da cidade do Rio de Janeiro.

Vimos que muitos escravizados, libertos e alforriados comandavam embarcações nas águas da Guanabara. Em 1910, a primeira geração de negros alforriados pela Lei Áurea liderou na Baía de Guanabara a Revolta da Chibata. A sedição foi uma resposta aos maus-tratos que os marinheiros sofriam. A Marinha, ainda no século XX, punia seus marujos como no tempo da escravidão: na base da chibata. Sob a liderança de João Cândido, começou a rebelião. Eles tomaram o comando de quatro encouraçados e apontaram os canhões para a cidade do Rio de Janeiro, ameaçando bombardeá-la. E eles não estavam brincando. Por fim, o governo e o parlamento atenderam ao pedido dos revoltosos. Mas os acordos não foram cumpridos. O presidente Hermes da Fonseca decretou a expulsão, a prisão e o exílio dos envolvidos. João Cândido sofreu o pão que o diabo amassou. Sobreviveu à prisão e foi parar no hospício (sem que tivesse nenhum problema mental). O "Almirante Negro" saiu da cadeia em 1914 e morreu pobre, em uma favela carioca, na década de 1960. Os compositores João Bosco e Aldir Blanc registraram a Revolta da Chibata na música "O mestre-sala dos mares":

"Há muito tempo, nas águas da Guanabara,
O dragão do mar reapareceu
Na figura de um bravo feiticeiro
A quem a história não esqueceu (...)"
Nas águas da Guanabara também navegaram Almirantes Negros!
(A. Blanc; J. Bosco, "O mestre-sala dos mares", 1974)

Revolta da Chibata: O famoso marinheiro saindo da Estação da Central do Brasil. Ano: 1911.

Em 1910, explodiu na Baía de Guanabara a Revolta da Chibata.

A Baía Negra

FESTA DA PENHA, CANDOMBLÉ, IEMANJÁ, ANO BOM (DO CANDOMBLÉ E DA UMBANDA À QUEIMA DE FOGOS).

Sobretudo na Umbanda, os exus são espíritos (Eguns) de pessoas que viveram marginalizadas, como malandros, capoeiras, marujos, escravos e prostitutas. Como os teóricos das religiões afro-brasileiras "que procuram redefinir a imagem dos Exus, é necessário repensar os estigmas dos marujos".[18] Ao mesmo tempo, é necessário também redefinir o conceito de encruzilhada, pois ela é associada as "classes perigosas", apesar de ser um termo de espacialidade central. E essa ideia pode ser costurada por outra, que é a de "limiar" (schewelle) (zona, mudança, transição e fluxo) na filosofia de Walter Benjamin. Ou ainda como *schwellen* (inchar, intumescer, crescer).[19] Segundo o *Dicionário de símbolos*,

> a importância simbólica da encruzilhada é universal. Liga-se à situação de cruzamento de caminhos que a converte numa espécie de centro do mundo. Pois para quem se encontra numa encruzilhada ela é, nesse momento, o verdadeiro centro do mundo.[20]

Durante boa parte do século XIX, o Rio de Janeiro foi uma das principais encruzilhadas do mundo.

---

18. S. Jeha, A cidade-encruzilhada: o Rio de Janeiro dos marinheiros, século XIX, *Revista do Arquivo Geral da Cidade do Rio de Janeiro*, Rio de Janeiro, v. 9, p. 77-89, 2015, p. 80. Disponível em: http://wpro.rio.rj.gov.br/revistaagcrj/wp-content/uploads/2016/11/e09_a29.pdf. Acesso em: 12 mar. 2021.
19. W. Benjamin, *Passagens*. Belo Horizonte: Editora da UFMG; São Paulo: Imprensa Oficial do Estado de São Paulo, 2007, p. 535.
20. J. Chevalier e A. Gheerbrant, *Dicionário de símbolos*, Rio de Janeiro: José Olympio, 2009, p. 367.

O marujo lidava o tempo todo com a corda bamba da contenção e a explosão de desejo. A maioria atravessava a encruzilhada portuária e seguia a vida. Mas um grupo menor ficava "prisioneiro da passagem": mortos, condenados, deprimidos, alcoólatras e tantas outras condições-limite".[21]

O escritor Alain Corbin nos ensinou, na obra *O território do vazio: a praia e o imaginário ocidental*, que um dos fatores que contribui para a ocupação das praias na Europa tem relação direta com a queda da

Pequeno ancoradouro em Manguinhos: o velho lobo do mar, em geral, atravessa a encruzilhada portuária e segue o barco. Mas um grupo menor ficava "prisioneiro da passagem".

---

21. S. Jeha, A cidade-encruzilhada: o Rio de Janeiro dos marinheiros, século XIX, *Revista do Arquivo Geral da Cidade do Rio de Janeiro*, Rio de Janeiro, v. 9, p. 77-89, 2015, p. 80. Disponível em: http://wpro.rio.rj.gov.br/revistaagcrj/wp-content/uploads/2016/11/e09_a29.pdf. Acesso em: 12 mar. 2021.

influência da visão religiosa católica com relação ao mar. Nos séculos XVI e XVII, o mar era visto, no Velho Mundo, como coisa do diabo. O mar era a própria encarnação do Leviatã, o monstro bíblico que mora no mar. Alain Corbin não chegou ao ponto de estudar a influência das novas religiões nas praias brasileiras. Mas

> devemos levar em conta que o século XIX foi bastante rico no que se refere à chegada à cidade de novas religiões (destacando-se as protestantes, principalmente presbiterianas e metodistas, e o espiritismo), sem falar que no Brasil conviviam ainda as religiões locais (de origem indígena), bem como as tradições trazidas pelos negros, sintetizadas e sincretizadas não só com a religião católica, como também com as tradições religiosas indígenas, sem dúvida, influentes na estrutura social brasileira.[22]

E o vaivém das marés tem uma relação íntima com a encantaria afro-brasileira. Reza a lenda que quando uma imagem de Nossa Senhora do Rosário apareceu no mar, um grupo de negros moçambiqueiros, batendo seus tambores, cantou à santinha pedindo proteção. A imagem, no movimento do vaivém da maré, chegou à praia.

Vimos que na Freguesia do Irajá existiam, dentro da Igreja Matriz de Nossa Senhora da Apresentação, sete irmandades, dentre as quais duas eram de homens pretos: São Benedito e Nossa Senhora do Rosário. Pesquisas dão conta de que a busca de muitos escravizados pelas irmandades se dava para fugir de uma morte sem ritual. Os rituais, a exemplo dos funerais e de outros tipos de cerimônia – "inclusive sua ausência – expressavam a diversidade de posições, origens e vínculos sociais daquele

---

22. V. A. de Melo, O mar e o remo no Rio de Janeiro do século XIX, *Revista Estudos Históricos: Esporte e Lazer,* Rio de Janeiro, Fundação Getúlio Vargas, v. 13, n. 23, 1999, p. 41-71, p. 48. Disponível em: http://bibliotecadigital.fgv.br/ojs/index.php/reh/article/view/2088/1227. Acesso em: 12 mar. 2021.

que deixava no mundo".[23] Ao falecerem, muitos desses cativos tinham seus corpos jogados nas diversas praias, rios e mangues da Baía de Guanabara. A prática era tão corriqueira que, entre 1740 e 1760, demandou decorrentes advertências do bispo do Rio de Janeiro, D. Antônio do Desterro, aos proprietários de escravos que cometiam o ato de "lançar fora de suas casas" os cativos que morriam, sem encomendação paroquial e na "calada da noite". O *Vocabulário Português e Latino*, de Rafael Bluteau, publicado entre 1712 e 1728, define "irmandades" como uma sociedade de pessoas que, em virtude de um compromisso, se obriga a fazer exercícios espirituais sob a invocação de um santo padroeiro. Deste modo, as irmandades "praticam obras de filantropia social, como a gestão de pequenos hospitais; de auxílio a seus membros, protegendo na hora da doença, da fome, da prisão e da morte; além de organizar festas e demais atividades sociais".[24] Na realidade, as irmandades estavam tão ligadas à morte e aos ritos fúnebres como ao mundo dos vivos.

No Rio de Janeiro, a partir de meados do século XVIII, passou a existir um cemitério especifico para os escravizados que aqui chegavam. Era o Cemitério dos Pretos Novos. Todavia,

> considerava-se degradante o sepultamento nesses espaços, pois era realizado com ritos sumários em covas rasas, às vezes coletivas, algumas sujeitas à visita de cães e porcos que devoravam partes do corpo mal enterrado. O trajeto era percorrido em rede, sem cortejo ou velas. Mas, no caso de o defunto, mesmo sendo escravo, ter se inserido numa rede comunitária e/ou paroquial quando vivo, ele poderia obter sepultura nos adros e cemitérios em volta dos templos católicos, cujas covas eram gratuitas.[25]

---

23. C. Rodrigues, Mortes e rituais fúnebres, in L. M. Schwarcz e F. S. Gomes (Orgs.), *Dicionário da escravidão e liberdade*, São Paulo: Companhia das Letras, 2018, p. 322.
24. L. Reginaldo, Irmandades, in L. M. Schwarcz e F. S. Gomes (Orgs.), *Dicionário da escravidão e liberdade*, São Paulo: Companhia das Letras, 2018, p. 269.
25. C. Rodrigues, Mortes e rituais fúnebres, in L. M. Schwarcz e F. S. Gomes (Orgs.), *Dicionário da escravidão e liberdade*, São Paulo: Companhia das Letras, 2018, p. 323-324.

Por volta de 1869, botes catraieiros saíam do Cais do Valongo ("rebatizado" como Cais da Imperatriz),[26] ao lado do Cemitério dos Pretos Novos, entupidos de romeiros com destino a um pequeno ancoradouro na Penha e à tradicional Festa da Penha, que acontecia na Igreja de Nossa Senhora da Penha. Em resumo: antes do trem, era o ancoradouro na Penha que fazia a festa. Melo lembra o uso festivo e popular do mar:

> a cidade nasceu bem próxima do mar, o que permitiria às camadas populares um acesso mais facilitado às praias. Todavia, a ocupação ou não desses espaços não decorria da proximidade geográfica, e sim de injunções culturais.
> A princípio, para os membros das camadas populares que moravam nas praias mais distantes do centro da cidade, o mar fazia parte de seu cotidiano. (...)
> De qualquer forma, para as camadas populares o uso do mar não estava naquele momento ligado aos aspectos higiênicos, à saúde e à estética, seguindo uma lógica completamente diferenciada, inclusive no que se refere ao pudor, do que esperava o projeto das elites. (...) tais camadas (ressaltando-se os pescadores) faziam uso do mar para suas atividades lúdicas, algumas inclusive ligadas à cultura corporal de movimento, embora não se deva considerar tais atividades como esportivas. Tais práticas estavam na verdade ligadas à necessidade de sobrevivência e/ou às suas tradições, aos seus hábitos, às suas festas.[27]

---

26. Em 1843, o Cais do Valongo foi reformado para o desembarque da futura imperatriz Teresa Cristina. Daí o nome Cais da Imperatriz.
27. V. A. de Melo, As camadas populares e o remo no Rio de Janeiro da transição dos séculos XIX/XX, *Movimento*, Porto Alegre, ano 6, n. 12, p. 63-72, 2000, p. 66. Disponível em: https://seer.ufrgs.br/Movimento/article/view/2501. Acesso em: 12 mar. 2021.

Nossa Senhora da Penha que se venera em sua Igreja na Freguezia de Irajá, Rio de Janeiro.

Tudo leva a crer que, no início do século XVII, o português Baltazar de Abreu Cardoso saiu para caçar. Do nada, apareceu diante dele uma enorme cobra. Apavorado, Abreu apelou: "– Valei-me, minha Nossa Senhora da Penha!" Não deu outra, um lagarto brotou e botou a cobra para correr. Agradecido, o português, que era o dono do pedaço, ergueu uma ermida no local do milagre e prometeu fazer anualmente uma festança para relembrar o episódio. Surgia assim uma das maiores tradições cariocas: a Festa da Penha, celebrada no mês de outubro. Aos poucos arraia-miúda – com seus sambas, capoeiras, tias baianas, quitutes e tambores – virou a dona da festa. E esse é, ao que parece, o maior "milagre" da santinha: o de converter, ao som dos tambores cariocas, uma festa luso-católica praticante em uma festança popular. O povão tomou a festa nos braços. Aos olhos da santinha a festa transformou-se, depois do Carnaval, no maior evento popular do Rio de Janeiro. Em 1870, iniciou o grande banho de loja da Igreja da Penha. A reforma conferiu à igreja o estilo neoclássico, com a fachada concluída em 1906, pelo arquiteto Luiz de Moraes Júnior (o mesmo do Instituto Oswaldo Cruz, em Manguinhos). O santuário da Penha foi o primeiro local do subúrbio a receber iluminação especial. Valei-me, minha Nossa Senhora da Penha!

ANO-BOM

Dizem os mais velhos que os povos da Mesopotâmia celebravam o ano novo há cerca de quatro mil anos. Normalmente, a passagem era determinada pelas fases da lua ou pelas mudanças das estações, e não em 1º de janeiro, que só virou o dia do Ano-Novo em 1582, com a introdução do calendário gregoriano no Ocidente. Até então, o Réveillon era festejado em 23 de março, calhando com o início da primavera no Hemisfério Norte, período em que as novas safras eram plantadas. Se hoje alguns rituais têm por objetivo atrair prosperidade e dinheiro – como usar a cor amarela

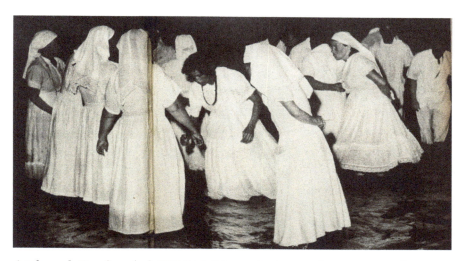

A nobreza do Brasil no século XIX, foi de fato, a primeira que adotou o costume do Réveillon, mas o sincretismo religioso característico do passado histórico do país fez com que as comemorações aqui adicionassem novos personagens, costumes, tambores, locais e comidas às festas de Ano Novo.

na noite da virada –, as celebrações de quatro mil anos atrás pediam alimento e fartura. Segundo sabichões de plantão a palavra Réveillon vem do francês *réveiller*, que significa "acordar". A palavra teria surgido no século XVII para identificar eventos muito populares entre os nobres franceses: longos jantares cheios de salamaleques, que iam até o amanhecer. Esses rega-bofes eram realizados em diversas datas ao longo do ano, mas com o tempo foram ficando para o final do ano no Continente Europeu.

No Brasil, os primeiros Réveillons foram realizados na corte de Dom Pedro II, no Rio de Janeiro, mas os hábitos de como passar a virada do ano variam muito de país para país. No Peru, por exemplo, é um hábito salutar arrumar as malas e dar uma volta no quarteirão (para realizar o sonho de viajar). A nobreza do Brasil foi, de fato, a primeira que adotou o costume do Réveillon. Mas o tempo passou e, aqui, novos hábitos foram incorporados ao fuzuê como biritas, comidas e batuques. A praia virou uma das principais avenidas da virada do ano e a roupa branca – a

A Baía Negra   123

princípio, usada pelos devotos de Iemanjá –, um padrão para passar a festa da passagem de ano. Porém, de uns tempos pra cá, ecoa o silêncio dos tambores nas praias cariocas, tendo em conta o loteamento, a privatização e o aburguesamento das areias, associados ao racismo religioso em seu cortejo de violência, intolerância e discriminação.

CELEBRANDO A BAÍA NEGRA: A FESTA DE IEMANJÁ

As praias da baía foram abrigo da presença negra com suas múltiplas atividades de trabalho, suas culturas ancestrais, suas lutas pela liberdade e, em particular, sua religiosidade.

Trazido pela diáspora africana, o culto da orixá Iemanjá seria originário da Nação Yorubá Agba. Deusa das águas doces e salgadas, sua morada primeira seria o Rio Yemoja, na Nigéria. Fez sua travessia pelo Atlântico para chegar ao litoral brasileiro e reinar em nossos mares.[28]

A Grande Mãe Africana no Brasil, Iemanjá está associada aos rios e suas desembocaduras, à fertilidade das mulheres, à maternidade e principalmente ao processo de criação do mundo e da continuidade da vida. Seu culto original a associa ao plantio e à colheita dos inhames e à coleta de peixes, donde vem seu nome Yemojá (Yeye Omo Ejá), Mãe dos filhos peixes, divindade regente da pesca.[29]

As praias da Guanabara viraram a morada dos festejos religiosos em homenagem à deusa Iemanjá, como evento público de terreiros de umbanda e candomblé, ganhando seu vulto maior na virada do ano. Ou

---

28. Ver P. Verger, *Orixás*. Salvador: Corrupio, 2002, 150
29. A. Vallado, *A grande mãe África do Brasil*, Rio de Janeiro: Editora Pallas, 2011. p. 25

A Festa da Penha: uma das maiores tradições da "África em Miniatura". Celebrada no mês de outubro e na Penha, que a arraia-miúda – com seus sambas, capoeiras, quitutes e tambores – virou a dona da festa

A Baía Negra

seja, em 31 de dezembro, em pleno *réveiller*. O despertar do ano, sim! Mas, na tradição das religiões de matriz africana, trata-se de um acontecimento de recriar a vida e renovar a existência. E, mesmo para os que não professam a religião ou não têm vínculos com os terreiros, a fé no orixá se faz presente no trajar roupas brancas, nas oferendas de flores e nos banhos de mar para obter sorte, amor e felicidade.

Báálé
Iyemonja àgbódó dáhun ire
Íyá mi.
Aseperiola.
Abérin èye lénu.
Iwo l'oko mi
Iwo loko Ièsé méjél
Olowo orí mi.
Omi owó kó wón nilé wa.
Omi lá bureke.
Iyemoja a tó fara tî bí òké.
O`lómi nílé bí egbele.
Òrisá tí nfi omi tùtú wo àrùn.
A wo àrùn fùn olómo má gba èjé.
Iyemoja a tún orí eni tí kó sunwòn se.
Túbo tún orí se kalé o.[30]

---

30. Báálé Iemanjá, de dentro das águas, responde com o bem. / Minha mãe/ que pode ser chamada para trazer prosperidade. /A que sorri elegantemente. / Você é minha senhora. Louváveis são os passos de seus pés. Dona do meu ori / A água que traz prosperidade não falta em nossa casa. / Água em abundância. Iemanjá, firme como uma montanha, nela podemos nos apoiar. / Possui casa formada por muitas águas. / Orixá que cura doenças com água fria. / Que cura as doenças sem pedir sangue ao familiares do doente. / Iemanjá , que melhora o meu ori, /Melhore mais e mais o meu ori, até o fim da minha vida. Oríkì Iyemoja (fonte Salami, 1991:93-96, *apud* A. Vallado, 230, 2011)

A Baía Negra

Atualmente, são as praias da Zona Sul, notadamente as areias de Copacabana, que apresentam maior visibilidade dos festejos à Iemanjá, mesmo porque as maiores atenções para o Réveillon como espetáculo turístico ali se concentram. Entretanto, quando tratamos da celebração da Rainha do Mar como um ritual religioso público, é preciso reportar à sua tradição na chamada região portuária, também conhecida como África em miniatura, expressão de autoria atribuída ao compositor e pintor Heitor dos Prazeres.

É justamente naquela região de forte presença de negros escravos de ganho e alforriados (marinheiros, pescadores, quitandeiros, pombeiros, remadores, carregadores) e das tias quitandeiras e cozinheiras (em suas atividades nas praias, ancoradouros, ruas e vielas, entre a Prainha e a Praia Formosa, passando pelo Valongo, pela Saúde e pela Gamboa), que se criaram espaços de rituais sagrados e se fundaram as casas de santo. Não é por acaso que relatos de época indicam que celebrações a Iemanjá aconteciam nas praias do antigo centro colonial.

As crônicas de João do Rio e as de Luís Edmundo apontaram, já no início do século XX, a presença das religiões de matriz africana na cidade e assinalaram rituais de oferenda de flores nas praias de Santa Luzia e da Glória. Apesar das praias não mais existirem, o bloco Afoxé Filhos de Gandhi recria em sua procissão celebrante à deusa do mar o trajeto mágico das águas na Baía Negra. A religiosidade foi, sem dúvida, um modo de construir a presença negra a cidade.

É com cronistas daquela época que também encontramos informações, mesmo que pouco abrangentes, da expansão dos cultos aos orixás na cidade, sobretudo à medida que a população negra ganha maior mobilidade com o fim da escravidão e passa a buscar morada e trabalho em outras freguesias. E apesar da intolerância, proibição e repressão às religiões afro-brasileiras por parte das agências do Estado, começam a despontar os terreiros com suas celebrações em diferentes lugares da cidade, sobretudo nos subúrbios originados nas antigas freguesias rurais.

Não sabemos se as demais praias da zona sul, como Copacabana, Ipanema e Leblon, receberam em suas areias velas, flores e perfumes para comemorar a festa da deusa das águas nas primeiras décadas do século XX. Talvez seu processo de apropriação privada, de urbanização discricionária e de expulsão sumária de comunidades de pescadores nos deixe apenas uma memória mais recente de festividades afro-brasileiras no lado sul do litoral. É apenas nos anos 1940, após a reforma da lei de repressão aos "cultos de fetiche", que os jornais de maior circulação da cidade passam a noticiar a presença de praticantes ao culto de Iemanjá em Copacabana, nos últimos dias do fim do ano e no primeiro dia de janeiro. E, como informa Joana Bahia: (...)

> Nesse primeiro momento, não se nomeiam claramente os praticantes, sendo descritos sob o epíteto de "fetichistas", linguagem que vai sendo substituída ao longo dos anos 1950 pelos próprios termos da religião, em especial na linguagem umbandista (médiuns, cambonos, filhos). E também já se fala em mistura de tipos, gentes e classes que começam a frequentar as oferendas sem qualquer vinculação a terreiros, fazendo essas esteiras de velas, luzes e flores.[31]

O mesmo não se poderia dizer das praias, rios e cachoeiras do recôncavo carioca. Eles se tornaram parte do território sagrado dos terreiros de umbanda e candomblé, em seus processos de deslocamento e multiplicação nos subúrbios e periferias da cidade, sobretudo a partir

---

31. J. Bahia, O Rio de Iemanjá: uma cidade e seus rituais, *Revista Brasileira de História das Religiões*, Maringá, ano 10, v. 30, jan.-abr. 2018. Disponível em: http://periodicos.uem.br/ojs/index.php/RbhrAnpuh/article/view/35119/21507. Acesso em: 12 mar. 2021.

Basílica Santuário de Nossa Senhora da Penha de França, popularmente conhecida como Igreja da Penha, no bairro da Penha. Erguida no alto de uma pedra, é famosa pelos 382 degraus da escadaria principal, onde muitos fiéis pagam promessas, s ubindo a pé ou de joelhos. A vista da Igreja é exuberante, se vê o mar de Inhaúma e a Baía de Guanabara.

das primeiras décadas do século XX, devido às reformas urbanas, que promoveram a expulsão de grupos populares e à possibilidade de escape da perseguição que sofriam nas áreas centrais da cidade.

Nos bairros que se foram constituindo na vasta enseada de Inhaúma, contando com o luxuoso auxílio da expansão das vias férreas, principalmente da Leopoldina, os tambores iriam fazer dançar as estrelas do Caju à Penha, passando por Ramos, Bonsucesso, Olaria, Inhaúma e chegando ao Irajá. Logo também se fariam presentes na Zona Oeste (em Campo Grande, Bangu, Realengo e Santa Cruz), na vasta Baixada de Jacarepaguá e em Sepetiba. Podemos afirmar que o Recôncavo da Guanabara se constitui como um espaço de enfrentamento e superação da violação do direito à liberdade de culto de religiões de matriz negro-brasileira.

A proximidade dos terreiros das praias do Retiro Saudoso, de Ramos, de Inhaúma, de Maria Angu e das que emolduravam a Ilha do Governador foi decisiva para que essas praias fossem investidas por territorialidades de encantamentos que afirmassem as culturas afrodescendentes na cidade. O sagrado era reinventado nas praias da orla do recôncavo. A baía era negra. Iemanjá reinava em suas águas.

A tradição das festas públicas nas praias do recôncavo, em particular as de religiosidade afro-brasileira, constituíram uma paisagem estética que contribuía para afirmar as diferenças culturais da cidade como atributo de convivências plurais. Entretanto, a ruína das praias do subúrbio carioca com os aterros e a poluição de suas águas implicou a perda simbólica desses territórios como confluência da natureza e do humano, como herança e invenção das forças do sagrado.

Todavia, não tardariam outras andanças pela afirmação de identidades religiosas negras na cidade. A ruína das praias do subúrbio carioca, provocada pelos aterros implacáveis e sucessivos iniciados com maior amplitude com a construção da Avenida Brasil, implicou em mais uma gira da deusa. Uma alternativa dos terreiros para dar continuidade e renovar o culto à divindade da fertilidade – e para ganhar maior visibilidade de seus direitos ao livre exercício de sua fé – foi exigir a travessia dos subúrbios da cidade para a ocupação das praias da Zona Sul, especialmente em Copacabana que, como vimos, já estava no mapa das práticas do culto desde a década de 1940.

CAPÍTULO IV

*Domingos
de sol*

"Domingo de sol
Adivinha pra onde nós vamos.
Arrumei um caminhão
Vou com a família na praia de Ramos."

DICRÓ, "Praia de Ramos"

A CIDADE AQUÁTICA SE TORNA TERRESTRE

Antes da inauguração da Avenida Central em 1905 e da Avenida Beira-Mar em 1906, digo até, antes mesmo da poeira do "Bota-Abaixo" baixar, aconteceu "uma das mais pungentes demonstrações de resistência dos grupos populares",[1] "o último motim urbano clássico do Rio de Janeiro",[2] a Revolta da Vacina em 1904. A revolta teve como estopim a campanha de vacinação em massa contra a varíola. Os revoltosos, lembra Sevcenko, "obstavam, enfim, não contra a vacina, cuja utilidade reconheciam, mas contra as condições da sua aplicação e acima de tudo contra o caráter compulsório da lei".[3] A luta não era contra a vacina, era pela dignidade, pelo mínimo de respeito à condição de seres humanos do povo. Os revoltosos se deram conta, entre outras coisas, de que não era a velha cidade que estava desaparecendo, mas uma outra, que estava sendo imposta. O Bota-Abaixo demolia casas de cômodos e cortiços, destruía ruas e vielas, expulsava formas de trabalho consideradas não civilizadas para fora da cidade.[4] A ordem higienista urbana declarava guerra contra a varíola, a malária e o tifo, doenças que atacavam o corpo dos trabalhadores e das trabalhadoras pobres, em especial, negras e

---

1. N. Sevcenko, *A revolta da vacina – mentes insanas em corpos rebeldes*, São Paulo: Brasiliense, 1984, p.4.
2. *Ibidem*, p. 44.
3. *Ibidem*, p. 14.
4. Ver J. L. Barbosa, *Modernização Urbana e Movimento Operário no Rio de Janeiro*, Dissertaação de Mestado, Rio de Janeiro. Programa de Pós-graduação em Geografia UFRJ, 1992.

AS NOSSAS PRAIAS

I. Banhistas tímidos que não largam as boias ou não se aventuram a grandes façanhas.— II. Banhistas audazes, cuja intrepidez envergonha e deslumbra os tímidos.— III. A Praia do Flamengo, no logar denominado High-Life, aonde desembocam as ruas Paysandú e Barão do Flamengo.

Seção NOSSAS PRAIAS. Revista Careta. Praia do Flamengo em 1910.

Seção Nossas Praias. Revista Careta. Praia de Santa Luzia em 1918.

negros. A saúde pública sempre foi uma questão de poder. Entretanto, os revoltosos não visaram o poder nem tinham força política para isso, mas demostraram uma impressionante capacidade de luta e organização. A resistência do povo foi heroica. O que deveria nos encher de orgulho e esperança, não é mesmo? Os desdobramentos da Revolta da Vacina mostram outra função da Baía de Guanabara. Porto seguro para uns e cárcere para outros. Pois no auge do motim as autoridades perderam o controle da situação, sobretudo nas regiões de antigos portos e ancoradouros, como o Centro, a Saúde e a Gamboa. As autoridades federais chegaram ao ponto de sugerir a fuga do presidente da República Rodrigues Alves para uma embarcação da Marinha de Guerra, onde estaria a uma distância segura dos revoltosos. Enquanto isso, os populares suspeitos de participação nos motins daqueles dias começaram a ser recolhidos em grandes batidas policiais nas temidas presigangas. Uma espécie de presídio flutuante que ficava ancorada no fundo da Baía de Guanabara. Ficavam também "embarcados" nas presigangas militares de baixa patente, capoeiras, marujos. Por isso, tudo leva a crer que o nome tenha origem no termo em inglês *press-gang* (serviço militar forçado). O presidente não precisou embarcar nas águas da Guanabara, mas os revoltosos da vacina estavam presos na baía. Na segunda metade do século XIX, Fridman e Ferreira, orientam:

> implementaram-se as vias férreas e os bondes que ocasionaram a decadência destes portos locais, isto é, aqueles localizados no recôncavo da Baía e na área rural, hoje zona oeste. A cidade aquática se torna terrestre ainda que o significado de indústria flutuante em que se transformaram os portos seja digno de referência.[5]

---

5. F. F. e M. S. N. Ferreira, Os Portos do Rio de Janeiro Colonial, in Encontro de Geógrafos da América Latina, n. 6, 1997, Buenos Aires, *Anais*... Buenos Aires, Argentina: Universidade de Buenos Aires, 1997, p. 1-8, p. 7.

Em 1906, (ano da inauguração da Avenida Beira-Mar) por exemplo, já estava no papel uma estrada entre Rio e Petrópolis – o pontapé inicial do que mais tarde conheceríamos como Avenida Brasil. Criação de avenidas, alargamento de ruas, autoestradas e viagem até Petrópolis. Só falta um detalhe ao rodoviarismo nacional: o automóvel. Relatos dão conta de que, em 1907, existiam apenas 35 automóveis na capital federal. No ano seguinte, o número chegava a seiscentos. Em 1913, já passara para 9.915 veículos. Alguns historiadores sustentam que o primeiro automóvel teria chegado ao Brasil em 1891, importado por Santos Dumont. Outros falam que foi em 1893. Já Telles cita o ano de 1895, considerando o veículo trazido pelo jornalista José do Patrocínio. É certo que esses veículos ainda eram movidos a vapor. O primeiro com motor de explosão, da marca Decauville, teria, segundo Telles, chegado ao Rio de Janeiro em 1900.[6] Um parêntese, coube ao poeta Olavo Bilac a primazia do primeiro acidente automobilístico da capital federal. Reza a história que o poeta perdeu a direção do automóvel (de José do Patrocínio) e encontrou uma árvore na Rua da Passagem, em Botafogo. O poeta, todo prosa, se gabava de ter sido o precursor dos acidentes de automóvel no Brasil. Seguimos em frente, porque temos muita água de barrela para rolar por baixo dessa ponte.

Antes de o poeta beijar uma árvore – quando acreditava "voar" a 3 km/h quilômetros por hora – , até o final do século XIX, o transporte fluvial foi o grande responsável pela urbanização do sertão carioca. Todavia, no final do mesmo século e no início do seguinte, o quadro se mostrou outro. Atenção senhores passageiros porque em 1886, a Northern Railway (Estrada de Ferro do Norte) abriu as estações de Amorim (atual Manguinhos), Bonsucesso do Rio (atual Bonsucesso),

---

6. P. C. S. Telles, *História da Engenharia no Brasil*: Século XX, Rio de Janeiro: Clavero, 1984.

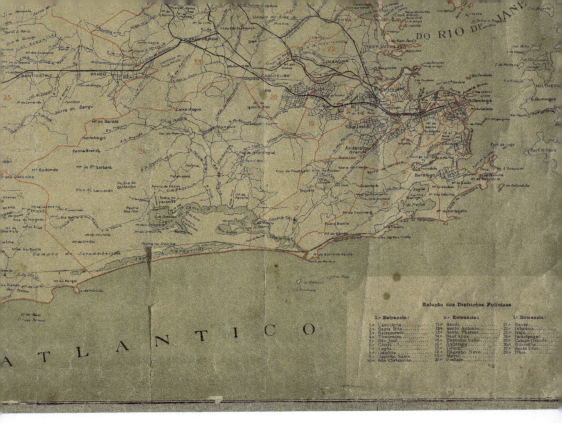

Planta Geral da Cidade do Rio de Janeiro com as linhas divisórias dos distritos policias no mar da Leopoldina "Northern Railway": 22º distrito para Inhaúma e 23º distrito é o Irajá.

Ramos e Penha. Em 1898, a linha toda passou para o controle da Estrada de Ferro Leopoldina. Daí surgiram as estações da Penha Circular, (1917), Brás de Pina (1910), Cordovil (1910) e Parada de Lucas (1920). Em 1926 quando "a Leopoldina virou trem \ E Dom Pedro, é uma estação também...", como cantou naquele "Samba do Crioulo Doido", o jornalista Sérgio Porto, foi inaugurada a Estação Leopoldina (à época, Barão de Mauá) eliminando-se a baldeação em São Francisco Xavier. Atualmente, a Supervia é a motorneira da pista. A Estação Leopoldina foi fechada para o público em 2001 e à vera em 2004. Hoje, tudo passa pela Central do Brasil. No Rio de Janeiro, ficamos diante de um dilema desafiador quando abordamos a questão do transporte público no final do século XIX. Mas

> é preciso antes de tudo, desnaturalizá-los. Isto é, não tratá-los segundo significações que lhe deram *a posteriori*: bonde "fazendo" a zona sul para a elite e setores médios, o trem "fazendo" o subúrbio para o proletariado. Isto é, o bonde promoveu não só aqueles subúrbios que no século XX atingiram a nomenclatura de bairros – a zona sul e a zona norte – como também contribuiu para o desenvolvimento de muitos daqueles subúrbios e bairros atendidos pela ferrovia.[7]

O século XX seria marcado pela disputa da hegemonia entre a barca, o trem, o bonde, o ônibus e o automóvel. Nessa altura do campeonato nós já sabemos quem venceu esse certame, não é mesmo?

O RIO DE LADEIRAS, CIVILIZAÇÃO, AVENIDAS E ENCRUZILHADAS: O AUTOMÓVEL, A CIRCULAÇÃO E A MOBILIDADE

Das avenidas instaladas num esforço federal e municipal na gestão Rodrigues Alves e Pereira Passos, naqueles anos, a Avenida Central foi, sem sombra de dúvida, a mais importante. Com mais de 30 metros de largura e 1.800 metros de comprimento, a Avenida Central rasgou o centro da cidade unindo a *promenade* ao porto. A Avenida Beira-Mar, por sua vez, possui um comprimento mais modesto – 5.600 metros de largura. Toda emperiquitada, a Avenida Beira-Mar teve um relevante

---

7. N. N. Fernandes, *O rapto ideológico da categoria subúrbio: Rio de Janeiro 1858-1945*, Rio de Janeiro: Apicuri, 2011, p. 99.

papel na ligação do Centro à Zona Sul da cidade do Rio de Janeiro, à qual se juntaria a última avenida projetada por Pereira Passos, a Avenida Atlântica. As novas avenidas que margeavam o litoral deram início a uma transformação de valores tão importante que fez com que "as casas ali construídas invertessem a forma como eram posicionadas dentro dos lotes, passando a ter a frente voltada para o mar".[8] Mas existe um detalhe para lá de peculiar nessa história:

> até a construção da Avenida Atlântica, em 1906, as casas à beira-mar tinham a entrada pela Avenida Nossa Senhora de Copacabana (aberta em meados do século anterior) e, portanto, a orla era ocupada pelos fundos dos quintais de moradias que, alheias ao desfrute marítimo, davam as costas ao oceano.[9]

Foi também na gestão de Pereira Passos, e com o financiamento do Governo Federal do Presidente Rodrigues Alves, no rebote de suas reformas, que aconteceu uma reestruturação do porto, alargando as instalações portuárias que iam da Prainha até a Ponta do Caju.[10] Essa obra de ampliação portuária mobilizou um imenso aterramento de praias, cais e ancoradouros que sobreviviam à expansão urbana, afogando o Cais do Valongo, a Praia Formosa e o Saco do Alferes (onde, é hoje, a Rodoviária Novo Rio), as praias e ancoradouros de São Cristóvão e da

---

8. R. F. T. Camargo, *Tudo é novo sob o sol: moda, corpo e cidade no Rio de Janeiro dos anos vinte*. Tese (Doutorado em Comunicação Social) – Centro de Educação e Humanidades, Faculdade de Comunicação Social, Universidade do Estado do Rio de Janeiro, Rio de Janeiro, 2016, p. 166.
9. J. O'Donnell, *A invenção de Copacabana – culturas urbanas e estilos de vida no Rio de Janeiro*, Rio de Janeiro: Zahar, 2013, p. 55. O'Donnell, Entre praias e avenidas: um Rio de modernidades, in Mattos, *Rio de Janeiro: Histórias concisas de uma cidade de 450 anos, Rio de,*.
10. N. Sevcenko, *A revolta da vacina – mentes insanas em corpos rebeldes*, São Paulo: Brasiliense, 1984, p. 37.

As praias que as praias não conhecem. Revista Carioca.
Acervo: Biblioteca Nacional. Praia do Caju em 1935

Expansão do Porto do Rio de Janeiro, sem data

Ponta do Caju. Comunidades de pescadores e pequenos estaleiros de embarcações navais desapareceram das proximidades da área central da cidade. O progresso também poderia ser chamado de ruína para os grupos populares e seus territórios de vida e trabalho.

Vamos precisar de imagem da expansão do porto.

Enquanto era praticada a despossessão social das praias com os aterros inclementes para modernização portuária, o prefeito Pereira Passos construiu a primeira instalação específica para as regatas da cidade: o Pavilhão de Regatas, na Praia de Botafogo: "um elegantíssimo pavilhão, nele reunindo a melhor gente da cidade, no intuito louvável de aristocratizar o esporte".[11] O Pavilhão de Regatas foi construído para as elites cariocas. A partir daí começa a mudar o leme da história. Até porque, "Naquele momento, apenas alguns indivíduos das camadas populares se banhavam nos rios e no mar",[12] em particular, da população negra. Afinal a baía era negra! Para a camada popular, o mar era um meio de subsistência e/ou presença natural nas atividades cotidianas e lúdicas. Todavia, para a utilização das praias e do mar, foi essencial "o esboçar de uma cultura burguesa, a valorização de padrões de vida saudáveis e de um corpo belo e forte, o gosto e a difusão do 'pensamento científico', a emergência e a valorização do lazer e a busca de novas formas de sociabilidade".[13] Passos ainda deu um banho de loja em clubes náuticos da cidade, entre as ruas do Passeio e de Santa Luzia. Os mares do centro da cidade e da Zona Sul começa a virar a praia da burguesia carioca.

A INVENÇÃO DO VERÃO CARIOCA

Hoje pode parecer óbvio e ululante que homens e mulheres desfilem seus corpos seminus como São Sebastião nas orlas cariocas. Mas nem sempre foi assim. Isso só ocorreu depois da "invenção" do verão carioca. Em tempo: "verão" esse que não está ligando à estação mais quente do ano. O Rio de Janeiro do século XIX não era uma cidade asseada, limpa

---

11. L. Edmundo, *O Rio de Janeiro do meu tempo. Rio de Janeiro*: Editora Conquista, 1957, p. 840.
12. V. A. de Melo, O mar e o remo no Rio de Janeiro do século XIX, *Revista Estudos Históricos: Esporte e Lazer*, Rio de Janeiro, Fundação Getúlio Vargas, v. 13, n. 23, 1999, p. 41-71, p. 43. Disponível em: http://bibliotecadigital.fgv.br/ojs/index.php/reh/article/view/2088/1227. Acesso em: 12 mar. 2021.
13. V. A. de Melo, O mar e o remo no Rio de Janeiro do século XIX, *Revista Estudos Históricos: Esporte e Lazer*, Rio de Janeiro, Fundação Getúlio Vargas, v. 13, n. 23, 1999, p. 41-71, p. 66. Disponível em: http://bibliotecadigital.fgv.br/ojs/index.php/reh/article/view/2088/1227. Acesso em: 12 mar. 2021.

e saneada. Longe disso. O lixo era lançado no mar pelos escravizados conhecidos como tigres. Quando chovia, o lixo era deixado nas ruas. Segundo um relato de Toussaint Samson, no século XIX: "as margens da baía do Rio não passavam de um vaso infecto, em que toda espécie de detrito apodrece espalhando emanações nauseabundas. Essa foi a primeira desilusão. As praias, que de longe nos pareciam tão belas e perfumadas, eram os receptáculos das imundícies da cidade".[14] A população ficava sempre sujeita a doenças e epidemias de todas as espécies. O banho não era um hábito entre os habitantes da cidade. "A princípio, a higiene diária era realizada pela manhã e constituía-se em passar no corpo um pano embebido em aguardente e/ou loção".[15] O costume do banho de chuveiro "pegou" mesmo no século XX, precedido do uso de tinas de madeira como banheira. Tudo acontecia em banho-maria até porque a distribuição de água era quase nula ou se resumia a chafarizes espalhados pelo centro da cidade. Mesmo a mais trivial preocupação com a higiene estava mais ligada a questões de cortesia e convivência do que a questões de saúde.

> Lavar-se, fundamentalmente, significava trocar de roupa; e obviamente essa era uma compreensão observável no âmbito das elites.
> Naquele momento, apenas alguns indivíduos das camadas populares se banhavam nos rios e no mar. Entretanto, também aí não estava colocada uma preocupação com a saúde, era antes uma manifestação de ludismo, até mesmo porque aqueles indivíduos estavam menos sujeitos aos rígidos imperativos locais. Seria algo similar ao que observa Georges Vigarello em

---

14. A. Toussaint-Samson, *Une parisienne au Brésil*. Paris: Paul Ollendorff, 1883.
15. V. A. de Melo, O mar e o remo no Rio de Janeiro do século XIX, *Revista Estudos Históricos: Esporte e Lazer*, Rio de Janeiro, Fundação Getúlio Vargas, v. 13, n. 23, 1999, p. 41-71, p. 43. Disponível em: http://bibliotecadigital.fgv.br/ojs/index.php/reh/article/view/2088/1227. Acesso em: 12 mar. 2021.

relação ao banho ao ar livre no continente europeu: "a finalidade principal é o jogo ou mesmo a transgressão, a água é essencialmente festiva. O que significa que a lavagem não é a verdadeira razão do banho". [16]

Até mesmo os peixes não gozavam de prestígio entre a grã-finalha carioca. "Constantes eram os avisos em jornais condenando o uso alimentar do peixe, supostamente um mal para a saúde. Obviamente, parte da população, ou seja, os mais pobres, não seguia exatamente tal lógica".[17] Porém, uma coisa parece certa nessa história toda. A partir do final do século XIX, as preocupações com o saneamento da cidade começaram a se tornar mais constantes. Até porque médicos, engenheiros, sanitaristas, por exemplo, passaram a dar as cartas na administração pública federal e municipal. Mas uma pergunta continua de pé na areia: Como o Rio passou de uma cidade portuária a uma cidade balneária? Ao passo que devemos voltar – mais uma vez – ao Rio de Pereira Passos. Quando o Rio começa a correr para o mar...

À BEIRA-MAR: RIO, UMA CIDADE PORTUÁRIA, MAS NÃO BALNEÁRIA

Com base no documento da Comissão da Carta Cadastral do Distrito Federal, de 13 de abril de 1903, que

---

16. V. A. de Melo, O mar e o remo no Rio de Janeiro do século XIX, *Revista Estudos Históricos: Esporte e Lazer*, Rio de Janeiro, Fundação Getúlio Vargas, v. 13, n. 23, 1999, p. 41-71, p. 43. Disponível em: http://bibliotecadigital.fgv.br/ojs/index.php/reh/article/view/2088/1227. Acesso em: 12 mar. 2021.
17. V. A. de Melo, O mar e o remo no Rio de Janeiro do século XIX, *Revista Estudos Históricos: Esporte e Lazer*, Rio de Janeiro, Fundação Getúlio Vargas, v. 13, n. 23, 1999, p. 41-71, p. 44. Disponível em: http://bibliotecadigital.fgv.br/ojs/index.php/reh/article/view/2088/1227. Acesso em: 12 mar. 2021.

justificativa para a construção da Avenida Beira Mar foi dar desafogo ao intenso movimento (...) entre a cidade e os bairros do Catete, Botafogo e adjacências, possibilitando um trajeto mais cômodo, com o frescor da brisa marítima e o encanto pitoresco da nossa baía.[18]

Gostaria de insistir um pouco nesse ponto, dois ponto:

> O que hoje nos parece lógico e natural foi uma opção urbanística ousada, pouco utilizada naquela época por outras cidades com condições geográficas semelhantes. Ao longo da história, a proximidade com o mar havia feito do Rio de Janeiro uma cidade portuária e não um balneário.[19]

E isso é importante pacas. Porque essa última condição só iria se firmar a partir do início do século XX.

Em 1906 (no mesmo ano da construção da Avenida Beira-Mar), por exemplo, instituía-se o primeiro regulamento responsável por organizar o funcionamento dos balneários na cidade. Mesmo assim, anos depois do regulamento, um dos principais cronistas "das coisas nossas", João do Rio, lastimava que

> apezar (sic) de sermos o paiz (sic) que tem mais costas e trechos e recantos de bahias (sic) realmente encantadores, nós não temos praias onde se vá veranear. (...) E ninguém se lembra de montar, de aproveitar uma praia, um conforto, um hotel, um casino! (sic) Para isso precisamos esperar ainda um século. Não estamos na França, nem na Inglaterra, em que praias da moda,

---

18. G. R. Del Brenna, *O Rio de Janeiro de Pereira Passos: uma cidade em questão II*, Rio de Janeiro: Editora Index, 1985, p. 44.
19. R. F. T. Camargo, "Tudo é novo sob o sol": moda, corpo e cidade no Rio de Janeiro dos anos vinte. Tese (Doutorado). Faculdade de Comunicação Social, Universidade do Estado do Rio de Janeiro. Rio de Janeiro, 2016, p. 116.

citadas nos romances de Dickens já são hoje, como Brighton, arrabaldes de Londres...[20]

Em 1917 a prefeitura do Rio de Janeiro tasca um decreto de normas para o banho de mar nas praias do Leme e de Copacabana.[21] Quem descumprisse a lei era punido com multa e cinco dias de cadeia. Essas regras revelavam o pudor em torno dos trajes de banho e acreditava-se que serviam para dar ordem na casa. Dê lá para cá, o cercadinho VIP das áreas da Zona Sul carioca vem se fechando. Às ordens, pois:

O DIRETOR GERAL A HYGIENE E ASSISTENCIA PUBICA, DE ACCORDO COM O ART. 7º DO REGULAMENTO EXPEDIDO PELO DECRETO N. 1.143, DE 1 DE MAIO DE 1917, DÁ AS SEGUINTES INSTRUCÇÕES.

ART. 1º. O banho de mar é permitido: De 1 de Abril a 30 de novembro, das 6 às 9 e das 16 às 18 horas. De 1 de Dezembro a 31 de Março, das 5 às 8 e das 17 às 19 horas.
ART. 2º. Nos domingos e dias de feriado, o tempo de banho, pela manhã, será prolongado por mais uma hora.
ART. 3º. Os locaes para banhos são assignalados, na praia, por um mastro pintado de branco, com um mirante, tendo ao alto um guarda-sol.
ART. 4.º A abertura do guarda-sol do mirante indicará o início do banho e o seu fechamento a terminação.
ART. 5º. A cor branca do guarda-sol facultará o uso do banho e a vermelha prohibirá.
ART. 6º. O banho de mar só é permitido nos trechos comprehendidos entre duas balisas brancas, tendo nos topes bandeiras também brancas, com uma

---

20. J. do Rio, *Gazeta de Notícias*, Rio de Janeiro, ano XXXV, n. 297, 24 out. 1909. Terça, p. 1.
21. A prefeitura dá regulamento para os banhos de mar. *O Paiz*, Rio de Janeiro, ano XXXIII, n. 11.894, 2 de maio de 1917, p. 4.

cruz vermelha ao centro e um triângulo verde ao canto, sendo os banhistas obrigados a ficar sempre aquém da arrebentação. Fóra desses pontos, É EXPRESSAMENTE PROHIBIDO O USO DO BANHO DE MAR.

ART. 7º. No caso do banhista ultrapassar os limites determinados, o nadador de serviço na praia dará um apito, como signal, e pedirá ao banhista que se retire do ponto julgado perigoso; no caso do banhista não attender á solicitação, o nadador notificará a infracção ao guarda civil, afim de que este providencie para applicação da pena estabelecida em art. 13.

ART. 8º. Durante as horas regulamentares do banho, o fechamento do guarda-sol indicará um accidente percebido pelo observador.

ART. 9º. No local do banho será mantido um guarda civil que providenciará, sempre que lhe for requisitado, sobre qualquer das infracções das presentes INSTRUCÇÕES, promovendo a punição do infractor.

ART. 10º. No caso de prohibição do banho, além da côr vermelha do guarda-sol, serão retiradas as balisas e a canôa, fazendo todo o pessoal o serviço de policia da praia, para impedir a entrada no bar de qualquer banhista.

ART. 11º. Os banhistas deverão apresentar-se com vestuario apropriado e decente, a juízo da autoridade policial.

ART. 12º. São expressamente prohibidos quaesquer ruidos e vozerias na praia ou no mar, durante todo o período de banho.

ART. 13º. Será punido com a multa de 20$, e, na falta de pagamento, com 5 dias de prisão, todo aquelle que infringir as disposições estabelecidas nestas instrucções.

ART. 14º. Fóra dos locaes indicados e convenientemente assignalados, ficam em pleno vigor e serão rigorosamente observadas as disposições do art. 3º, e seus parágrafos, do decreto n. 1.551, de 26 de Novembro de 1913.

AVISO O mar em Copacabana não permitte o exercício de natação; portanto, taes exercícios devem ser evitados. Quanto menores as ondas, maior cor-

Charge moda praia. Revista Careta, 1934. Moda praia em 1891 e 1934 e banhistas se preparando pra atacar a ressaca no mar de Copacabana.

renteza de águas existe. [Setembro de 1917, — O diretor geral, Dr. Paullino Werneck.][22]

Há quem pense que a praia é um ambiente extremamente democrático. É bonito pensar assim, mas não é verdadeiro. Até a década de 1940, era muito difícil o acesso às praias de Copacabana e Ipanema por parte dos moradores dos bairros dos subúrbios cariocas. Além do fator econômico, "à falta de instalações numerosas e baratas para mudar de roupa somava-se, para criar outra barreira, a proibição de viajar de ônibus ou bonde normal em trajes de banho".[23] Na década de 1920, por exemplo, os homens sem paletó e gravata não eram permitidos nos bondes de linha. Pois bem. Uma das únicas maneiras de um morador do subúrbio carioca chegar às praias da Zona Sul era, então, se acotovelando nos chamados taiobas, bondes de quinta categoria, lentos como cágados sob efeito de Gardenal e pouco numerosos (sobretudo aos domingos). Os banhistas iam amontoados no meio de embrulhos, de encomendas e do diabo.

DO BANHO DE MAR AO BANHO DE AREIA

A partir do início do século XX,

> "um novo setor das elites ocupou as praias, já com outros sentidos, ligados diretamente às suas compreensões de saúde física e moral e aos desafios que eram lançados pelo progresso, pela industrialização.

---

22. D. Rezende; I. Seixas; L. Stallone, *Quando o mar virou Rio*. (Catálogo da exposição realizada no Museu Histórico Nacional) Rio de Janeiro: prefeitura da cidade do Rio de Janeiro, secretaria municipal de cultura, M'baraká e logorama, 2017, p. 82.

23. B. J. Barickman, "Passarão por mestiços": o bronzeamento nas praias cariocas, noções de cor e raça e ideologia racial, 1920-1950, *Afro-Ásia*, Salvador, n. 40, 2009, p. 173-221, p. 202. Disponível em: http://www.afroasia.ufba.br/pdf/AA_40_ BJBarickman. pdf. Acesso em: 5 jun. 2016.

Nesse processo, os antigos habitantes das praias perderam espaço, assistiram tentativas de dizimar ou controlar suas antigas atividades lúdicas, permitidas agora segundo um novo padrão. Se não ocorreu o desaparecimento completo dos sentidos e significados originais de ocupação das praias, sem dúvida estes foram bastante alterados."[24]

No correr do século XX,

Entre as décadas de 1920 e 1930, ir à praia já tinha se tornado uma atividade que poderia durar muitas horas. Isso acarretou uma enorme mudança em relação a de 1910, sendo para tanto criados novos equipamentos, novas roupas e providências. O hábito da praia fez com que o guarda-roupa feminino – e, em menor escala, também o masculino – aumentasse e se diversificasse: além dos trajes de banho, dos quais ainda constavam toucas e sapatilhas próprias para o banho de mar, era preciso contar com peças de vestuário especificamente criadas para os deslocamentos entre a cidade e o litoral, como roupões, capas e quimonos.[25]

Com o aumento do tempo de permanência no mar, na praia e, consequentemente, maior exposição ao sol, sombrinhas, barracas, cadeiras, guarda-sóis, assim como chapéus, tornaram-se apetrechos fundamentais para ir à praia.

À imprensa – que não dormia de touca – coube o papel educador, publicando artigos que incentivavam os banhos de sol como um procedimento saudável, mas também alertavam para os riscos que poderiam ocorrer com os exageros.

---

24. V. A. de Melo, As camadas populares e o remo no Rio de Janeiro da transição dos séculos XIX/XX, *Movimento*, Porto Alegre, ano 6, n. 12, p. 63-72, 2000, p. 70. Disponível em: https://seer.ufrgs.br/Movimento/article/view/2501. Acesso em: 12 mar. 2021.
25. *Ibidem*, p. 179.

Tarzan, o filho do alfaiate

Em 1928, o cronista Peregrino Júnior escreveu: as praias "eram um mostruário abominável de mazelas e misérias físicas. Foi de há dez anos para cá, com a generalização universal e cinematográfica dos hábitos *yankees*, que o banho de mar passou a ser um esporte saudável e elegante. As praias, desde então se transformaram numa clara e harmoniosa lição de alegria e saúde".[26] Cinematograficamente ninguém descreveu melhor os hábitos *yankees* do cinema falado do que Noel Rosa. Em 1936, Noel de Medeiros Rosa é convidado para escrever músicas inéditas

Tarzans da Praia de São Cristovão: disputando uma partida animada de polo aquático, sem data.

---

26. P. Junior, Hábito elegante do banho de mar, *Revista Careta*, Rio de Janeiro, ano XXI, n. 1049, 21 julho 1928, p. 23.

para o filme *Cidade Mulher*, do diretor Humberto Mauro. Segundo seus biógrafos Carlos Didier e João Máximo:

> Uma época em que o cinema americano projetava nas telas de todo mundo heróis de físico atlético, ombros largos, bíceps avantajados, músculos saltando por todo corpo, rapazes de bairros grã-finos do Rio, antes tentando seguir as pegadas de galãs do tipo Rodolfo Valentino ou, no máximo, John Barrymore, agora trocavam a figura do "almofadinha" pela do "Tarzan". Em grande parte porque fez muito sucesso a série de filmes iniciada em 1932 com *Tarzan, o filho das selvas*, em que o campeão olímpico de natação Johnny Weissmuller vive o papel do famoso personagem criado por Edgar Rice Burroughs. Mas muitos dos rapazes candidatos a galã-atleta são destituídos de predicados físicos, e nem com ginástica de Charles Atlas conseguem passar de tímidos, minguados Tarzans das praias cariocas. Daí recorrer aos alfaiates. Ou seja, torna-se moda no Rio o paletó com ombreiras, os providenciais recheados de algodão que aproximam os esquálidos rapazes de Johnny Weissmuller. Noel registra o fato em um notável samba, em parceria com Vadico, que já no título é puro deboche: *Tarzan, o filho do Alfaiate*:[27]

> Quem foi que disse que eu era forte?
> Nunca pratiquei esporte, nem conheço futebol...
> O meu parceiro sempre foi o travesseiro
> E eu passo o ano inteiro sem ver um raio de sol
> A minha força bruta reside
> Em um clássico cabide, já cansado de sofrer
> Minha armadura é de casimira dura
> Que me dá musculatura, mas que pesa e faz doer

---

27. J. Máximo e C. Didier, *Noel Rosa: uma biografia*, Brasília: Linha Gráfica\UNB, 1990, p. 425-426.

Eu poso pros fotógrafos, e distribuo autógrafos
A todas as pequenas lá da praia de manhã
Um argentino disse, me vendo em Copacabana:
No hay fuerza sobre-humana que detenga este Tarzan
De lutas não entendo abacate
Pois o meu grande alfaiate não faz roupa pra brigar
Sou incapaz de machucar uma formiga
Não há homem que consiga nos meus músculos pegar
Cheguei até a ser contratado
Pra subir em um tablado, pra vencer um campeão
Mas a empresa, pra evitar assassinato
Rasgou logo o meu contrato quando me viu sem roupão
Eu poso pros fotógrafos, e distribuo autógrafos
A todas as pequenas lá da praia de manhã
Um argentino disse, me vendo em Copacabana:
No hay fuerza sobre-humana que detenga este Tarzan
Quem foi que disse que eu era forte?
Nunca pratiquei esporte, nem conheço futebol...
O meu parceiro sempre foi o travesseiro
E eu passo o ano inteiro sem ver um raio de sol
A minha força bruta reside
Em um clássico cabide, já cansado de sofrer
Minha armadura é de casimira dura
Que me dá musculatura, mas que pesa e faz doer[28]

Segundo Luiz Edmundo no livro de memórias sobre a cidade do Rio de Janeiro, "a geração que vai proclamar a República, exceção feita pelos

---

28. "Tarzan, o filho do Alfaiate", Noel Rosa e Vadico, in *Noel pela primeira vez*, Rio de Janeiro, Velas, 2000, Vol. 5, CD 10, Faixa 6.

homens que seguiam a carreira das armas, era uma geração de fracos e enfezados, de lânguidos e de raquíticos, sempre enrolada em grossos cache-nez de lã, a galocha no pé e um guarda-chuva de cabo de volta debaixo do braço (...). *Mens Sana in Corpore Sano* não passava de uma frase inexpressiva e vaga do velho Juvenal. Não se cuidava de cultura física. O que se fazia, então, era evitar esforços tidos como nocivos à saúde".[29] Ainda que só no século XX um novo modelo tenha tomado corpo, um corpo mais atlético, elástico, essas mudanças já podiam ser percebidas no quartel final do século XIX. Os novos padrões chegavam através de jornais e revistas e da presença de companhias de teatro, de circo, de espetáculos vindas da Europa. Nos últimos anos do século XIX, "os banhos de mar já eram também encarados como exercícios físicos para a melhoria do padrão estético corpóreo, o que se articulava plenamente com um outro parâmetro de saúde. Identificamos mudanças claras nessas práticas. Ainda não se dizia 'ir à praia' e sim 'ir ao banho de mar'".[30]

RAMOS, A COPACABANA DO SUBÚRBIO: NÓS VAMOS INVADIR SUA PRAIA

Mas os Tarzans não estavam – como diria o poeta – apenas "na areia de Copacabana". Longe disso. No subúrbio de Ramos existiam os Tarzans da Praia de Ramos. Na década de 1970, os Tarzans da Praia de Ramos praticavam uma modalidade esportiva praiana conhecida como "Medicinobol". Dizem que os craques da modalidade pertenciam a turma

---

29. L. Edmundo, *O Rio de Janeiro do meu tempo*, Rio de Janeiro: Editora Conquista, 1957, p. 831.
30. V. A. de Melo, O mar e o remo no Rio de Janeiro do século XIX, *Revista Estudos históricos. Esporte e Lazer* (Janeiro-Junho). Rio de Janeiro: Fundação Getúlio Vargas. v. 13, n. 23, pp 41-73, 1999, p. 51.

Homem segurando pneu na praia de Ramos, década de 1940.

dos marombeiros da academia do Waldemar "Sujeira". O "Medicinobol" – para quem não entende da pelota – é jogado com uma bola cheia de areia e com os praticantes posicionados em círculo. O jogo conta ainda com um sujeito no meio da roda que tenta de todas as formas interditar o passe de bola. Segundo peritos no assunto, o "Medicinobol" trabalha os membros superiores e inferiores, a agilidade de raciocínio e reflexos. Sem deixar a peteca cair.

É importantíssimo pontuar que, até meados do século XIX, a palavra subúrbio conservava seu velho significado de zona de periferia em relação à cidade, não possuindo, de forma alguma, um sentido depreciativo.[31] Assim como a palavra arrabalde (cercanias de uma cidade ou povoação), subúrbio era utilizado para definir áreas como São Cristóvão, Botafogo, Copacabana. A generalização da ideia de subúrbio como lugar carente, sem ordens nem conforto, habitado por pessoas pobres e disposto ao longo das ferrovias, é um conceito carioca que se instalou na literatura a partir das primeiras décadas do século XX. Um outro ponto que se enquadra nesse conceito carioca de subúrbio é o aspecto quase que exclusivo e obrigatório dos bairros ferroviários e populares no Rio de Janeiro.

> Tal juízo nos leva à conclusão que, de fato, há uma espécie de veto a imaginação no que tange à existência de subúrbios de classes abastadas no Rio de Janeiro. É a classe social que determina o que é subúrbio, a geografia não importa, a tal ponto de posição excêntrica e francamente suburbana da Barra da Tijuca ser vista como um acidente, algo fora dos nossos padrões e difícil de ser admitido.[32]

Foi no rebote das reformas sanitárias, urbanísticas e sociais do trio elétrico Pereira Passos (uma espécie de Haussmann dos trópicos), Oswaldo Cruz e Rodrigues Alves, "que se detectou a mudança de significado espacial e social da categoria subúrbio e seu rapto ideológico."[33] Um dos aspectos que nos interessa nessa história toda é o modo como se deu esse rapto ideológico à beira-mar. Mais uma vez o nosso grande mestre Nelson da Nóbrega Fernandes é preciso:

> essa tendência só fica clara após a reforma de Pereira Passos e a decisão de se ocupar as praias bravias do literal oceânico, como residência para as novas elites em espaços subúrbios-jardins. Copacabana, Lagoa, Ipanema,

---

31. N. N. Fernandes, *O rapto ideológico da categoria subúrbio: Rio de Janeiro 1858-1945*, Rio de Janeiro: Apicuri, 2011, p. 16.
32. *Ibidem*, p. 36.
33. *Ibidem*, p. 58.

Leblon estavam prontas para assumir essa função. Dois elementos contribuíram para essa direção. O primeiro foi a valorização pela vida, sentimentos e da estética de beira-mar que, desenvolvidas na Europa desde de o século XIX, aqui chegaram com grande força no final do mesmo século, em uma onda de negócios turísticos e imobiliários como a construção de cassinos, hotéis e balneários. O segundo elemento foi a disponibilidade de vastas terras de praia, restingas, brejos e lagoas muito baratas, extremamente lucrativas para os negócios imobiliários quando passam a contar com a colaboração de generosos investimentos públicos.[34]

OS PRIMEIROS BANHOS EM RAMOS

Sem contar com generosos investimentos públicos, a Praia de Ramos também teria o seu balneário sem um mísero cassino ou hotel. Aboletado como parte da Freguesia do Irajá e mais tarde de Inhaúma, a história de Ramos se inicia efetivamente quando o capitão da Academia Militar, Luiz José Fonseca Ramos, arremata o Sítio dos Bambus, em 1870. Pois bem, dezesseis anos depois, em 1886, quando a E. F. Norte chegou na área, o capitão permitiu que os trilhos passassem pelo local, mas estabeleceu uma condição: que ali houvesse uma parada. Nasceu, dessa forma, a "Parada de Ramos". Da Parada à Praia de Ramos, podemos dizer que a região era frequentada por famílias da área e por outras, que desciam de trem da Serra de Petrópolis em direção ao Recôncavo de Inhaúma. E "foi, então, o deslocamento (por meio da Estrada de Ferro Norte e Leopoldina) que instaurou o hábito dos moradores em se banhar nas diversas praias da região, como a de Inhaúma, Ponta da Pedra e Apicú (Ramos)".[35] Antes de

---

34. *Ibidem*, p. 88.
35. M. I. J. Chrysostomo, "*Uma Copacabana Perdida nos Confins suburbanos*": a ideia de balnearização do bairro de Ramos/RJ (anos 1920-1940), Confins: revista franco-brasileira de geografia, n. 39, 2019, p. 3. Disponível em: http://journals.openedition.org/confins/18086. Acesso em: 5 maio 2020.

Meninos brincam no mar de Ramos, década de 1940.

Meninos jogando futebol na praia de Ramos, década de 1940

ser conhecida como Praia de Ramos ou até mesmo como Copacabana do Subúrbio, o que existia era a Praia do Apicú (atual Ramos). A praia começava no Engenho da Pedra (atual Bonsucesso), adentrava a orla de Ramos e parte do bairro de Olaria. Outra praia que era uma coqueluche nos mares de Irajá e Inhaúma era a Praia de Maria Angu. De certa forma, era a continuação da Praia do Apicú, começando em Olaria (onde ficava o Porto de Maria Angu), passando pelo Rio Escorremão (na Penha) até atingir o mangue do Saco do Viegas (na altura do Viaduto Lobo Júnior). O nome Apicú teria sua origem no tupi-guarani e significava "brejo de água salgada". Já no caso do significado de Maria Angu, o buraco é mais embaixo. Segundo algumas pessoas era assim denominada por causa de uma ave Mariangu (também chamado de Curiango ou Bacurau). Outra versão dá conta de uma erva comestível também conhecida como erva de angu, com origem no quicongo, língua africana do grupo Banto. O local teria, por causa da erva, recebido esse nome em virtude de suas pastagens. Dizem também que o nome tem origem imemorável, referindo-se a uma negra alforriada de nome Maria que vendia angu no porto. Com a abertura da Avenida Brasil, entre 1941 e 1944, o cenário mudou de forma brutal. O verão fervilhante nas praias de Maria Angu e do Apicú foi em sua maior parte aterrado e extinto. E os nomes das duas praias passaram a ser usados como sinônimos. Sinônimo de Praia de Ramos.

O BALNEÁRIO DE RAMOS

Por volta de 1910, alguns dos terrenos ainda não ocupados na região de Ramos e cuja propriedade era de um dos herdeiros da antiga Fazenda Nossa Senhora do Bonsucesso passaram ao espólio do coronel Joaquim Vieira Ferreira e sua esposa Ruth Ferreira. É dessa família, composta por médicos, advogados e militares, ou seja, por membros da elite local, que nasce, alguns anos mais tarde, a ideia de replicar o modelo "Beira--Mar" no subúrbio, em Ramos. Uma espécie de Copacabana do Subúrbio. Ao utilizar engenhosamente os atributos do Mar de Ramos para calibrar seus interesses imobiliários na região, o coronel fez uma grande aposta: tornar Ramos uma espécie de capital balneária do subúrbio. O coronel teve participação mais do que relevante na região. Ele fundou o jornal *O Cosmopolita* que, apesar do nome, só circulava em Ramos. O principal empreendimento do militar foi a construção do loteamento denominado Vila Gerson, com "água, luz e ótima praia de banhos".[36] Assim, "ao expor a proposta de integrar Ramos à cidade e a Villa (sic)

---

36. Terrenos e casas a prestação. *Correio da Manhã*, Rio de Janeiro, ano XXIX, n. 10.600. ,21 julho. 1929. Classificados, p.14.

Gerson à praia de Ramos, materializa-se de forma concreta o desejo de balnearização dos subúrbios".[37]

Na planta do empreendimento era anunciado também a construção de um cassino e de cabines na Praia de Ramos. No entanto, o complexo balneário da Praia de Ramos proposto pelo coronel não obteve aprovação final. Um trecho das terras próximas ao mar onde se situava o empreendimento, de propriedade da Marinha, foi resgatado pelo governo e utilizado para a construção da Avenida Brasil. Somente em 1945, quando parte da Avenida Brasil já havia saído do papel, instalou-se na Praia de Ramos uma barraca do Serviço de Recreação Operária, entidade criada dois anos antes, ligada ao Ministério do Trabalho, cujo objetivo era "coordenar o lazer dos trabalhadores".[38] No rebote da balnearização de Ramos, surgiram dois clubes de iatismo: o Iate Clube de Ramos (criado em 1941) e o Carioca Iate Clube (em 1945). Ambos, a propósito, estão de pé até hoje.

> Seus atletas, em geral, não obtinham resultados notáveis. De toda forma, há que se destacar (...) também o fato de que as sociedades náuticas de Ramos organizavam provas que contavam com amplo envolvimento dos outros clubes dedicados à modalidade.

Com isso, pessoas de um perfil diferente chegaram, mesmo que eventualmente, ao subúrbio. Nas regatas dos clubes de Ramos, as raias, ainda que também traçadas na Baía de Guanabara, eram distintas das usuais das enseadas de Botafogo e de Niterói. O litoral da Leopoldina, Ilha do Governador

---

37. M. I. J. Chrysostomo, *"Uma Copacabana Perdida nos Confins suburbanos": a ideia de balnearização do bairro de Ramos/RJ (anos 1920-1940)*, Confins: revista franco-brasileira de geografia, n. 39, 2019, p. 8. Disponível em: http://journals.openedition.org/confins/18086. Acesso em: 5 maio 2020.
38. Quinhentos operários cariocas integraram a representação do Distrito Federal. *Jornal A Noite*, Rio de Janeiro, ano XXXIII, n. 11.565, 24 abr. 1944, p. 2.

e Ilha de Paquetá passou a acolher o bailado das velas, não poucas vezes acompanhado pelo público das areias da Praia.[39]

A história dos clubes de iatismo de Ramos – um esporte com perfil elitista – nos traz alguns dilemas desafiadores, não é mesmo? Ajudam a refletir "sobre os movimentos de urbanização, proletarização, surgimento dos subúrbios e diversificação esportiva, enfim, sobre o crescimento das desigualdades na história do Rio de Janeiro".[40] Nos mares de Inhaúma e do Irajá, clubes como Olaria, Bonsucesso e São Cristovão também estimulavam a prática do remo. O Olaria, inclusive, esteve envolvido com modalidades aquáticas/náuticas, aproveitando a proximidade da sede com a Praia de Maria Angu, que acolheu competições organizadas a partir de 1920, quando foi inaugurada uma seção para estimular a prática do remo, da natação e dos saltos ornamentais. O escudo do São Cristóvão de Futebol e Regatas – que está nos "corações sãocristovenses", como diz o hino da valorosa agremiação Figueira de Melo – conta com um círculo rosa onde estão uma âncora, um timão e dois remos cruzados. Todo o escudo é limitado por uma linha cor-de-rosa, símbolo da devoção dos remadores à Nossa Senhora dos Navegantes.

Duas outras atividades de lazer tidas como essencialmente praiano-suburbanas eram os piqueniques e os banhos de mar à fantasia. O fato é que, desde o final do século XIX, as areias das praias (assim mesmo no plural) começaram a ser utilizadas para atividades de lazer, como piqueniques, mas também para a realização, vejam vocês, de corridas de cavalo (antes da organização efetiva do turfe). O mestre Nei Lopes

---

39. V. A. de Melo, Uma geografia do esporte: a experiência dos clubes de iatismo da Zona da Leopoldina (Rio de Janeiro, 1941-1954), *Geousp – Espaço e Tempo*, São Paulo, v. 24, n. 1, p. 83-103, abr. 2020, p. 95. Disponível em: http://www.revistas.usp.br/geousp/article/view/163185. Acesso em 20 de janeiro de 2020.
40. *Ibidem*

Regatas na praia do Cajú

Socios e convidados assistindo ás regatas do Club

REGATAS Na praia do CAJÚ. Revista Careta, 1913

arma o farnel no verbete "piqueniques e excursões" do seu *Dicionário da Hinterlândia Carioca*:

> a realização de piqueniques e excursões pelos habitantes da hinterlândia carioca (...) revestiu-se, sempre, de características bastante peculiares, principalmente pela alegria ruidosa e pelos hábitos alimentares levados para outros ambientes, principalmente o das praias e localidades campestres. Transportados, como regra geral, em ônibus fretado (...). Chegados ao local previamente escolhido, (...) davam início às brincadeiras, nas quais não faltavam o futebol, o jogo de peteca, o banho de mar (nos piqueniques praianos) com boia de pneu de automóvel e, mais recentemente, o frescobol; além, do namoro, é claro. Tudo isso ao som da música executada ao vivo ou, mais recentemente, por equipamentos portáteis de som. À hora do almoço, cada subgrupo familiar ou de amigos abria e degustava o seu farnel, no qual pontificava a típica refeição ligeira das festas: galinha, salada de maionese e farofa, vindo dessa denominação "farofeiros" com que se adjetivaram pejorativamente os hábitos dos suburbanos nas praias da Zona Sul.[41]

Como Nei Lopes, apontou: "às brincadeiras, nas quais não faltavam o futebol, o jogo de peteca, o banho de mar (nos piqueniques praianos) com boia de pneu de automóvel e, mais recentemente, o frescobol". Mas será que "às brincadeiras" eram para todos? Melo, discorda: "desde o início do campo esportivo ficava estabelecido um grupo com acesso privilegiado (as elites) e apontava-se uma determinada representação de esporte segundo os interesses de tal grupo, isso não significava a exclusão da participação das camadas populares ".[42] O fato é que,

---

41. N. Lopes, *Dicionário da Hinterlândia Carioca: antigos "subúrbio" e "zona rural"*, Rio de Janeiro: Pallas, 2012, p. 281.
42. V. A. de Melo, As camadas populares e o remo no Rio de Janeiro da transição dos séculos XIX/XX, *Movimento*, Porto Alegre, ano 6, n. 12, p. 63-72, 2000, p. 64. Disponível em: https://seer.ufrgs.br/Movimento/article/view/2501. Acesso em: 12 mar. 2021.

Remo com a rapaziada do São Cristovão, sem data.

170   *As águas encantadas da Baía de Guanabara*

Domingos de sol 171

"Farofeiros" aproveitando o domingo de sol na Praia de Ramos, década de 1940.

o movimento de moralização e controle social, característico das mudanças no contexto sociocultural do Rio de Janeiro naquele momento, tinha injunções bastante diretas e incisivas nas camadas populares e buscava não só atingir seus jogos, como também a sua religiosidade (a "macumba"), a capoeira (*sic*) permanente perseguida a partir do quartel final do século), e mesmo suas formas de festejos, inclusive o carnaval. (...)
De fato, os jogos ligados às camadas populares eram frequentemente proibidos (como a víspora, a roleta e a loto), enquanto aqueles presentes nos fóruns das elites gozavam de reputação e muitas vezes eram mesmo denominados de esporte (como o xadrez e a dama). Se a prática era frequente entre as camadas populares, logo era considerada motivo de ação policial (...) Essa ação (...) era bastante notável no caso das brigas de galo e touradas. Essas práticas populares, consideradas bárbaras e violentas, passaram a ser tidas como indignas para um país que se pretendia moderno.[43]

---

43. *Ibidem*

172   *As águas encantadas da Baía de Guanabara*

BANHOS DE MAR À FANTASIA

Em eras priscas, o banho de mar à fantasia era uma das atividades carnavalescas, aliás, pré-carnavalescas e pós-carnavalescas também, mais relevantes das orlas cariocas. Nela, usando a areia da praia como pista, blocos carnavalescos participavam do certame. Os trajes obrigatórios eram fantasias feitas de papel crepom e vestidas por cima de roupas de banho. Ao final do concurso, os componentes caiam na água, "em alegres e divertidos banhos coletivos, em que as fantasias se diluíam".[44]
As origens do banho não são precisas; segundo algumas fontes, o festejo teria surgido na Ilha do Governador; outras falam na Praia de Ramos, durante a década de 1930. Os banhos de mar à fantasia fizeram parte do calendário oficial da cidade até 1978.

Para o entendimento sobre o babado nada melhor que um regulamento do banho de mar à fantasia na Praia de Ramos em 1959:

> O regulamento para o banho de mar à fantasia em Ramos é o seguinte:
> Art 1º – O banho de mar à fantasia na Praia de Ramos é uma promoção do DIÁRIO DA NOITE e CRUSH, e será realizado no dia 25 de janeiro de 1959;
> Art 2º – Poderá tomar parte nessa festa praiana qualquer agremiação carnavalesca, esportiva ou social, bastando para tanto que faça sua inscrição na redação do DIÁRIO DA NOITE ou qualquer dos locais divulgados nesse vespertino, até as 18 horas da véspera da realização do banho;
> Art 3º – O desfile será rigorosamente iniciado às 10h da manhã, encerrando-se impreterivelmente às 13h, como determina a portaria do Chefe de Polícia;
> Art 4º – O julgamento será feito por um júri integrado por cinco pessoas de comprovada idoneidade moral e de absoluta confiança do *DIÁRIO DA NOI-*

---

44. N. Lopes e L. A. Simas, *Dicionário da história social do samba*, Rio de Janeiro: Civilização Brasileira, 2015, p. 32.

TE e do refrigerante "CRUSH", cujas decisões serão de caráter irrevogável, não cabendo recurso de espécie alguma e de responsabilidade exclusiva da própria comissão julgadora;

Art 5º – A comissão julgadora estará no palanque oficial, das 10h às 13h, horário oficial do desfile;

Art 6º – O julgamento será feito, obrigatoriamente, na primeira passagem, podendo, todavia, os membros do júri alterar suas anotações quando da segunda passagem obrigatória, oportunidade em que poderão fazer melhor juízo sobre qualquer dúvida;

Art 7º – No julgamento serão apreciados os seguintes valores:

    (a) conjunto

    (b) harmonia

    (c) porta-estandarte

    (d) mestre-sala

    (e) antasia

    (f) alegoria

    (g) enredo

(a) – No item de harmonia, a comissão levará em conta se o conjunto for apenas de instrumentos de couro ou de sopro ou de corda;

(b) – Quando se tratar apenas rigorosamente de instrumento de couro, o conjunto levará 25% de vantagem sobre o de outros instrumentos no computo dos pontos do item "B";

Art 8º _–É expressamente proibido PANO dentro do cortejo, sob que aspecto for, motivo até para desclassificação;

Art 9º – A contagem dos pontos obedecerá ao seguinte critério: conjunto, harmonia e enredo, de 1 a 20 pontos; porta-estandarte, mestre-sala, fantasias e alegorias, de 1 a 10 pontos;

Art 10º – O vencedor absoluto do banho receberá, em posse transitória (válido por três anos consecutivos ou cinco anos alternados) o troféu instituído pela Associação de Cronistas Carnavalescos; a Copa CRUSH e um prêmio em dinheiro de importância nunca inferior ao do ano passado;

Dois momentos: a areia lotada antes do mergulho e foliões no mar de Ramos.

O Rei Momo no banho de mar à fantasia da Praia de Ramos, sem data

(a) O 2° colocado receberá a Copa Diário da Noite e o prêmio em dinheiro nas mesmas condições;

(b) O 3° colocado, receberá a Copa Açúcar Pérola e o prêmio em dinheiro;

Art 11° – Aos demais colocados até o 5° lugar caberão troféus ou taças;

Art 12° – Todos os participantes do banho de mar à fantasia da Praia de Ramos receberão diplomas artísticos de sua participação nessa festa praiana;

Art 13° – A entrega dos prêmios será feita na redação do DIÁRIO DA NOITE na semana seguinte à realização do banho, em data a ser noticiada no DIÁRIO DA NOITE;

Art 14° – Serão oferecidos prêmios diversos às fantasias avulsas, separadamente, para adultos e crianças de ambos os sexos.[45]

O banho de mar à fantasia era um evento que reunia diversos clubes e agremiações recreativas da cidade. Embora fossem mais notoriamente divulgados os que aconteciam nas praias da Zona Sul, inclusive com a participação da classe média, é impossível não reconhecer o apelo popular do festejo carnavalesco para os moradores do subúrbio carioca. Das praias do Caju e de São Cristóvão à praia de Ramos, incluindo nesse roteiro as praias da Ilha do Governador, todas tornaram-se palco para blocos carnavalescos em seus desfiles de fantasias, alegorias, adereços e estandartes que culminavam com os passistas e até mesmo com a porta-estandarte, acompanhados de uma pequena multidão, nas águas da Guanabara.

E vinha gente dos bairros suburbanos para participar ou mesmo para acompanhar a festança. Gente de Madureira, Cascadura, Olaria, Penha, Bonsucesso. Descendo de ônibus ou de caminhão alugado,

---

45. Regulamento do banho de mar à fantasia na Praia de Ramos. *Diário da Noite*, Rio de Janeiro, ano XXXI, n. 11.406, 21 jan. 1959. Carnaval festa do povo, p. 6.

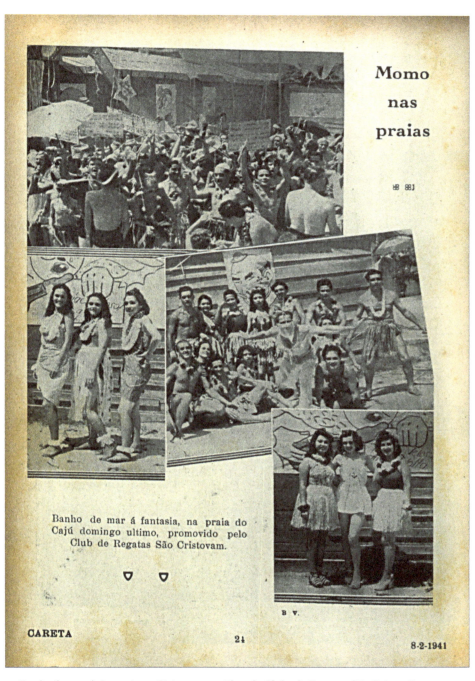

Banho de mar à fantasia no Caju: promovido pelo Clube de Regatas São Cristovão.

> Os aterros sucessivos da Enseada de Inhaúma – e a consequente perda de balneabilidade das praias que sobreviveram – provocados com a urbanização desmedida e discricionária, acompanhada de perto pelo fechamento de clubes tradicionais e de blocos carnavalescos populares, apagaram a festa das areias para deixar as saudades da alegria nas fotografias.

mas com a ginga nos pés para desfilar de baixo do sol carioca. Com concursos oficiais ou não, os desfiles aconteciam como invenção de práticas culturais que fortaleciam laços de pertença social atados pela alegria e pelo prazer compartilhados pelos foliões e foliãs. Os motivos das fantasias mudavam a cada ano, trazendo sempre uma atualização de enredos, com as marchinhas de carnaval animadas por bandinhas, ou com sambas – levados pelos tamborins, pandeiros, repiniques e surdos das baterias dos blocos. As praias reuniam uma experiência estética que marcava a cultura da cidade do Rio de Janeiro e reafirmava, naquele recorte da Baía de Guanabara, a presença da sua identidade negra.

O processo de destruição e degradação do litoral da chamada Zona Norte carioca não só eliminava da paisagem a vida ativa dos portos e das comunidades de pescadores, também interrompia festejos populares tradicionais e, com isso, fragilizava a diversidade de referências culturais da cidade.

Os banhos de mar à fantasia se foram com as praias do subúrbio. Todavia, a festa permaneceu para fazer reviver a Baía Negra em nossos carnavais. No asfalto das ruas da Favela da Maré e da Favela de Ramos, longe da areia e do mar, ainda são celebrados os encontros que fazem reviver a importância da festa como prática social que reúne o prazer com a aparição de sujeitos invisibilizados na metrópole.

Na sequência de imagens do desfile de um bloco de embalo, na Praia de Ramos, com o sugestivo enredo "Aderbal não morreu", em 1967, notamos o cortejo de foliões sendo acompanhado pelo próprio Rei Momo. A preciosidade da fotografia além de destacar a alegria e o entusiasmo que envolvia a multidão, cuja corporeidade fica bastante definida em termos de sua composição racial, anima a festa nas espumas da Guanabara. A Baía Negra convidava o rei da folia para brincar seu carnaval em Domingos de Sol.

CAPÍTULO V

*É areia
na farofa*

"Uma confusão de coisas
Assim é a Avenida Brasil
Linha Vermelha vem cortando a Maré
É a bailarina da cidade."

Mocidade Independente de Padre Miguel, 1994

AVENIDA BRASIL (1939-1954):
A BEIRA-MAR DA LEOPOLDINA?

> "A avenida Brasil funciona tão bem enquanto via de passagem, que se tornou um 'não-lugar.'" RENATO DA GAMA-ROSA COSTA[1]

Em 1927, segundo uma matéria publicada na revista *Careta*,

> estes dias ardentes de calor levam para as nossas praias uma multidão de criaturas lindas. E o banho-de-mar, *(sic)* seja nas ondas exaltadas de Copacabana, seja nas águas plácidas da Urca, adquire foros de alta elegância. Pode-se dizer, mesmo sem exaggero, *(sic)* que o banho-de-mar, *(sic)* neste momento é a única coisa verdadeiramente elegante que o Rio conhece. E, além de ser elegante, é também agradável.[2]

---

1. R. da G.R. Costa, *Entre "avenida" e "rodovia": a história da Avenida Brasil (1906-1954)*. Tese (doutorado) – Urbanismo da Faculdade de Arquitetura e Urbanismo, Centro de Letras e Artes da Universidade Federal do Rio de Janeiro. Rio de Janeiro, 2006, p. 253.
2. Collecção de modelos femininos para as praias. *Revista Careta*, Rio de Janeiro, ano XX, n. 917, 29 jan. 1927, p. 17.

A partir desse momento ir a Petrópolis durante o escaldante verão carioca já não parecia mais uma providência ululante e obrigatória para "uma multidão de criaturas lindas". Desde o século XIX, a Cidade Imperial havia se consolidado como um dos principais destinos veranistas de grã-finos e grã-finas cariocas devido às temperaturas mais amenas e ao "ar higiênico" de lá. A permanência no Rio, entretanto, também poderia ter o seu charme, inspirado, é claro, nas práticas dos veranistas do Velho Mundo. Uma notinha na mesma revista *Careta* (um ano antes da matéria anterior) já anunciara tal mudança de postura:

> O encanto de nossas praias anda lembrando a beleza da idade grega. O mundo elegante não ganhou a delícia de horas esplêndidas na água verde do mar. Do Flamengo a Copacabana, com escalas pela Urca, algumas criaturinhas mais donairosas do "set" reproduzem o milagre das náiades, contemporâneas dos líricos antigos, nadando corajosa e alegremente.[3]

A história da Avenida Brasil começa quando o mundo elegante subia para Petrópolis...

"Governar é abrir estradas"

A trajetória política do fluminense, Washington Luís (nascido em Macaé), tomou corpo quando ele virou deputado pelo Estado de São Paulo em 1913, ocasião em que era presidente do Automóvel Club do Brasil. Ao assumir a presidência da República, em 1926, Washington Luís levou até as últimas consequências a imagem de "presidente estradeiro", com

---

3. O encanto de nossas praias. *Revista Careta*, Rio de Janeiro, ano XIX, n. 931, 24 abr. 1926, p. 15.

o lema: "Governar é abrir estradas". O presidente estradeiro, durante a campanha política e os atos públicos, buscava consolidar a imagem de entusiasta do rodoviarismo. Sendo assim, Washington Luís inaugurou a nova Estrada Rio-Petrópolis em 1928. Pouco tempo depois, em plena vigência do Estado Novo, Getúlio Vargas considerou a nova Estrada Rio-Petrópolis uma via velha e mal-acabada. Em 1939, portanto, ele anunciou o início das obras da novíssima variante Rio-Petrópolis. Vargas, que havia sido ministro da Fazenda de Washington Luís, de certa forma, vai continuar e até mesmo aumentar os projetos rodoviaristas iniciados por seu antecessor.

A história da Avenida Brasil nos faz pensar em algo relevante para o nosso trabalho. O processo que transformou o automóvel no principal meio de transporte urbano brasileiro, provocou um abandono progressivo dos investimentos no transporte fluvial e marítimo no Recôncavo da Guanabara. Segundo Costa:

> A história da Avenida Brasil está diretamente vinculada ao processo de expansão do Rio de Janeiro e de formação de sua área suburbana no século XX. Sua história está, ainda, interligada ao desenvolvimento do rodoviarismo no Brasil, por ter sido aberta como uma variante da Rio-Petrópolis, uma das primeiras estradas construídas especialmente para o uso do automóvel. A Avenida Brasil foi aberta como um caminho alternativo aos tradicionais percursos realizados pelo interior dos bairros da zona da Leopoldina ou, ainda, por mar ou de trem para se chegar à antiga Estrada União-Indústria (1860). Seu traçado, ao longo do litoral da Baía da Guanabara, facilitou o acesso a Petrópolis e daí a esta estrada, até então a mais utilizada para se chegar à região de Minas Gerais.[4]

---

4. R. da G. R. Costa, *Entre "avenida" e "rodovia": a história da Avenida Brasil (1906-1954)*. Tese (Doutorado em Urbanismo) – Faculdade de Arquitetura e Urbanismo, Centro de Letras e Artes, Universidade Federal do Rio de Janeiro, Rio de Janeiro, 2006, p. 3-4.

Devemos também levar em conta que, desde os primeiros anos do século XX, a partir da batuta de Pereira Passos na prefeitura do Rio, examinava-se uma maneira de ligar o centro da cidade aos bairros situados depois da Ponta do Caju, como Manguinhos, Bonsucesso, Ramos, Olaria e Penha, até Irajá, tendo como ponto de partida a Avenida Rodrigues Alves e o Cais do Porto. A cidade era expandida para a Zona Norte. Justamente na direção da Enseada de Inhaúma, movimento inaugurado com as linhas de bonde em meados do século XIX.

Com 58 quilômetros de extensão, a Avenida Brasil, uma das maiores do país.

Em 1939, ano que marca o início das obras da variante Rio-Petrópolis, uma reportagem da revista *Brazil – Ferro-Carril* destacava a construção e ressaltava o trajeto da variante que começava no Cais do Porto e terminava em Parada de Lucas. Dois anos depois, o jornal *Correio da Manhã* também destacou o percurso, dando atenção ao trecho da variante Rio-Petrópolis que seria feito à beira-mar. Segundo o periódico:

É areia na farofa

Grande percurso da estrada será feito à beira-mar, ou seja, da praia de Ramos até a foz do rio Meriti, já na divisa com o Estado do Rio. Os mangues que tanto prejudicam, desde Ramos à Penha, as praias ali existentes vão desaparecer, beneficiando consideravelmente as populações que se aglomeram por todo subúrbio da Leopoldina. Não esquecer que a estrada terá sessenta metros de largura, será arborizada e constituirá um fator de irradiação de progresso para as localidades que se estendem desde a antiga estação de Amorim à Parada de Lucas. Já se diz, em Ramos, na Penha, em Olaria, que a variante em construção será a avenida Beira Mar da Leopoldina.[5]

Desde 1941/42, esperava-se algum trecho já pronto da variante. E nada. Isso só aconteceria em 1944. Ano marcado por uma série de comemorações e obras (como hospitais, cemitérios, bicas d'água, ruas, avenidas e o diabo) que refletia os sete anos do Governo Vargas. Dentre elas, foi inaugurado, em 10 novembro de 1944, o trecho da variante entre Benfica e a Rua Lobo Júnior, na Penha Circular. No ano seguinte, era lançado *O álbum da Avenida Brasil*. Perceba que, a partir desse momento, não se escrevia, não se falava, não se sussurrava mais o nome variante Rio-Petrópolis, e sim Avenida Brasil. Um dos primeiros destaques do álbum é dado à viagem rápida pela beira-mar. No álbum também é evidente a "valorização dada ao contraste entre a velocidade dos veículos a percorrer a via e os barcos que aparecem nas imagens".[6] Ressalta-se, mais de uma vez, o aspecto de fuga da cidade "deixando para trás os arranha-céus, ela se projeta através dos subúrbios cariocas".[7] O álbum descreve ainda os monumentos situados ao longo da

---

5. Tronco da rede rodoviária da cidade. De incalculável alcance para os subúrbios da Leopoldina construção da variante da estrada Rio-Petrópolis. *Correio da Manhã*, Rio de Janeiro, ano XL, n. 14.244, 11 abr. 1941, p. 3.
6. *Álbum Avenida Brasil* – Realização do Governo Getúlio Vargas – Administração do Prefeito Henrique Dodsworth. Rio de Janeiro, 1945, p. 14.
7. Ibidem, p. 14.

Vista aérea de um recorte da Enseada de Inhaúma, com destaque para a pista do antigo aeroporto e parte da Baía de Guanabara.

avenida. Do castelo do Instituto Oswaldo Cruz, "belíssimo edifício em estilo mourisco (...) situado em alto de colina",[8] passando pelas ilhas que compõem a paisagem litorânea, tais como Pinheiro, Bom Jesus, Catalão, Fundão, Cobras, Baiacu, Campembe, Anel, Raimundo, Santa Rosa e Comprida, não esquecendo a Praia de Ramos, com imagem de uma bela banhista em suas areias. Por fim, chega-se a Igreja da Penha.

O referido álbum da Avenida Brasil também confessava a dura conquista da Natureza para abrir caminho ao "progresso", aludindo mais especificamente ao trecho entre os bairros do Caju e de Manguinhos:

---

8. *Ibidem*, p. 14.

"Constitui a parte mais difícil (...), pois atravessa a região pantanosa, numa extensão de 750 metros. (...) Um verdadeiro dique opondo-se a invasão da preamar, tornando-se, assim, um fator de saneamento para a extensa região em plena zona industrial."[9]

Em 22 de fevereiro de 1946, era inaugurado todo o trecho ligando a Parada de Lucas ao viaduto do Cais de Minério. Em 23 de abril de 1947, seria inaugurado o trecho ligando São Cristóvão a Manguinhos. Parece estranho, mas não foi à toa que o trecho mais próximo da região central da cidade tenha sido o último a ser concluído. Segundo Costa,

> as dificuldades de se abrir uma rodovia no litoral – entre os bairros do Caju e de São Cristóvão e o início da Serra da Estrela – muito se deveram ao fato de a região ser composta por mangues e de ser área disputada pelos poderes público e privado, retardando a abertura da Avenida Brasil por pelo menos duas décadas.[10]

Com este trecho pronto, dava-se por concluída a obra de construção das pistas centrais da avenida. As pistas laterais teriam de esperar ainda por mais sete anos. Com 58 quilômetros de extensão, a Avenida Brasil, uma das maiores do país, passa por 32 bairros e tem uma população de moradores de dois milhões, um terço da cidade do Rio de Janeiro. Mas afinal de contas, o que é baía? O que é aterro? O que é terra firme na Avenida Brasil? Se cavarmos um pouco, ainda podemos ouvir os mares de Inhaúma e do Irajá?

---

9. *Ibidem*, p. 11.
10. R. G. R. Costa, *Entre "avenida" e "rodovia": a história da Avenida Brasil (1906-1954)*. Tese (Doutorado em Urbanismo) – Faculdade de Arquitetura e Urbanismo, Centro de Letras e Artes, Universidade Federal do Rio de Janeiro, Rio de Janeiro, 2006, p. 22-23.

Amador apresenta, na obra *Baía de Guanabara: ocupação histórica e avaliação ambiental*, uma tabela denominada Situação dos Ecossistemas na Baía de Guanabara (1550\1997), na qual evidencia as significativas perdas em virtude dos inúmeros aterramentos na área: várzeas e canais fluviais, perda de 35 km² (81,39%); áreas de restinga, dunas e terraços marinhos, perda de 104 km² (78,78%); áreas de manguezais, perda de 177 km² (68,87%); áreas de brejos, alagados e pântanos, perda de 161 km² (68,51%); área de Mata Atlântica, perda de 21.110 km² (62,51%); áreas de costões, pontões rochosos e falésias, perdas de 1 km² (25,01%); áreas de lagunas, perda de 9 km² (25,01%). "Cerca de 20% da superfície do espelho d'água da baía foi aterrado desde 1500".[11]

Da Urca ao Flamengo, passando por Botafogo, e de modo mais amplo do Centro aos subúrbios da Leopoldina, a orla da Guanabara mudou sua fisionomia, perdeu e ganhou condições ambientais com produção da terra urbanizável. Esse processo não se deu sem escolhas políticas, socais e urbanísticas. Na verdade, em cada período são escolhidos espaços para que a cidade possa crescer, expandir, alargar... e ser vendida aos pedaços. Essas escolhas configuraram desigualdades sociais profundas que acabaram por promover distinções profundas de direitos à cidadania plena, incluindo o direito à natureza como um bem comum.

[a seguir] *Foto aérea da Praia e mar do Caju. O bairro do Caju abrigava praias com areias branquinhas e água cristalina, onde não era rara a visão do fundo da Baía, tendo como habitantes comuns os camarões, cavalos-marinhos, sardinhas e até mesmo baleias.*

---

11. E. S. Amador, *Baía de Guanabara: Ocupação histórica e avaliação ambiental*, Rio de Janeiro: Interciência, 2013, p. 283.

A paisagem muda da areia para o asfalto

A implantação da Avenida Brasil nos anos 1950 e sua posterior duplicação nos anos 1970 provocou mudanças significativas na produção do espaço urbano da cidade como um todo e, em particular, da Enseada de Inhaúma. Os aterros construíram terras urbanizáveis, tornando as praias e as ribeiras dos rios um horizonte pavimentado para a localização de indústrias, armazéns, depósitos, oficinas e conjuntos habitacionais populares, estabelecendo uma nova fisionomia à paisagem do recôncavo.

Combina-se com essa extensão da Avenida Brasil, no período de 1960/70, o violento processo de remoção de favelas protagonizado pelo Estado, especialmente na Zona Sul. Favelas como Pasmado (Botafogo), Praia do Pinto (Leblon) e Catacumba (Lagoa) foram removidas de bairros em valorização econômica crescente pelo mercado imobiliário. Famílias inteiras perderam suas moradas e a proximidade com os serviços públicos para serem transferidas para conjuntos habitacionais, entre eles, Vila Kennedy e Vila Aliança, e para abrigos "provisórios", como o Nova Holanda, todos localizados ao longo do eixo de crescimento urbano aberto com a Avenida Brasil.

As indústrias também se expandiram ao longo das margens da avenida. Empresas metalúrgicas, gráficas, farmacêuticas, químicas e de alimentos, fizeram um movimento de penetração no conjunto dos bairros às margens da Avenida Brasil. Além da ampla circulação de bens industrializados oportunizada pela variante modernizada, a localização oferecia um mercado de força de trabalho presente nos bairros próximos. Armazéns e depósitos também compunham o cenário, cumprindo a função comercial proporcionada pela avenida, com destaque para o Mercado São Sebastião.

As indústrias marítimas sempre foram destaque primordial devido à posição litorânea. Cabe lembrar os pequenos estaleiros e as oficinas de construção e de reparos de embarcações que povoaram as praias e os estuários cariocas e destacar o Arsenal de Guerra da Marinha, fundado em 1763 na Ilha das Cobras. Com os aterros das praias do Caju e do Retiro Saudoso, estaleiros navais de grande porte, como o Ishikawajima e o Caneco, estabeleceram-se nas proximidades da região portuária e da Avenida Brasil. Esses dois estaleiros juntos eram os maiores responsáveis pela produção naval de todo o país. E, localmente, responderam pelo desaparecimento de ancoradouros de comunidades de pescadores ali assentados há mais de cem anos.

A construção da Avenida Brasil como eixo de expansão urbana revela também outros usos do espaço urbano em produção. É o que se pode constatar com a construção da Cidade Universitária – Campus Fundão da antiga Universidade do Brasil, posteriormente denominada Universidade Federal do Rio de Janeiro. Se a Avenida Brasil foi uma intervenção em linha no litoral, a Cidade Universitária foi uma intervenção em área, pois se origina do terreno formado, entre 1949 e 1952, pela junção por aterramento do Arquipélago de Inhaúma, constituído pelas ilhas Cabras, Catalão, Sapucaia, Bom Jesus, Fundão, Baiacu, Pindaí do Ferreira e Pindaí do França. O processo de remoção indiscriminada se repete em relação às comunidades de pescadores, eliminando seus territórios de trabalho, moradia e cultura.

A geografia econômica em estruturação ao longo da Avenida Brasil se refletia também como composição social operária e popular, reforçando características já presentes em muitos bairros do subúrbio da Leopoldina. Entretanto, a própria construção da Avenida Brasil e da Cidade Universitária, duas das maiores obras de aterramento, juntamente como o Aeroporto de Manguinhos, empregaram centenas de trabalhadores em busca de teto para se abrigar. As favelas de Ramos, do Timbau e do Parque Proletário da Maré que, depois, formariam com outras o conjunto de Favelas da Maré, carregam essa geografia histórica comum. É por

É areia na farofa

demais interessante o depoimento de um antigo pescador da Praia de Inhaúma, Expedito Corrêa da Silva, hoje morador da Praia de Ramos:

"No começo, quando eu fui morar na Praia de Inhaúma, no pé do Morro do Timbau, ali era tudo mar. (...) O Fundão era três ilhas só: o Bom Jesus, a Ilha das Cabras e outra que eu esqueci o nome agora. (...) O mar era aberto, aí era um santuário de peixes".[12]

Mas... O asfalto tomou a areia das praias, das águas do mar e de suas gentes.

---

12. E. Diniz, M. C. Belfort e P. Ribeiro (Orgs.), *Memórias e Identidade dos moradores do Morro do Timbau e Parque Proletário da Maré*, Rio de Janeiro: Editora Redes da Maré, 2013, p. 31.

O Rio dos aterros e orlas: Uma vez, Flamengo

Foi inaugurada, em 1965, a área do Aterro do Flamengo, que vai do Aeroporto Santos Dumont (antiga Praia de Santa Luzia) até o início da Praia de Botafogo. O aterro ou Parque do Flamengo possui diversas esculturas e espaços de lazer e cultura, destacando-se o Monumento a Estácio de Sá, de Lúcio Costa, e o Museu de Arte Moderna — MAM.[13] O parque conta também com setores e equipamentos esportivos, como a marina, as pistas de aeromodelismo, as quadras vôlei, basquete e tênis e os campos de futebol society, além de campos com gramado sintético. Foi tombado no mesmo ano de sua inauguração – pelo Instituto do Patrimônio Histórico e Artístico Nacional – o Iphan. A construção do Parque do Flamengo, coordenada pela arquiteta Lota Macedo Soares, contou com a participação dos também arquitetos Affonso Eduardo Reidy e Sergio Bernardes, ligados à "escola carioca" de arquitetura moderna. Além deles, a obra teve as mãos do botânico Luiz Emygdio de Mello Filho e do paisagista Roberto Burle Marx. O parque foi inaugurado em 12 de outubro de 1965 (Dia da Criança e de Nossa Senhora Aparecida, padroeira do Brasil; nada mais lúdico e religioso, não é mesmo?). Segundo a pesquisadora Márcia Chuva,

---

13. "Os equipamentos esportivos são: campos de pelada; pistas de *skate*, patinação, *bicicross* e aeromodelismo; tanque de nautimodelismo; ciclovia; quadras de basquete, vôlei, *power soccer*, *futsal*, tênis, *gateball*; *playground*, cidade das crianças, *parkour*; postos de salvamento e a praia. E os equipamentos de caráter cultural são: o Museu de Arte Moderna e o Monumento Nacional aos Mortos da Segunda Guerra Mundial (construções anteriores que foram integradas ao projeto do Parque), a Marina da Glória, o Teatro de Marionetes, o Teatro de Arena, um coreto, pavilhões recreativos e o Monumento a Estácio de Sá, além dos quiosques de alimentação e restaurantes" (M. R. R. Chuva, Parque do Flamengo: projetar a cidade, desenhando patrimônio. *Anais do Museu Paulista: História e Cultura Material*, São Paulo, v. 25, n. 3, set.-dez. 2017, p. 139-166, p. 141. Disponível em: http://dx.doi.org/10.1590/1982-02672017v25n0305. Acesso em: 12 mar. 2021.)

O parque do Flamengo conta também com setores e equipamentos esportivos, as pistas de aeromodelismo, as quadras de vôlei, basquete e tênis e os campos de futebol society, além de campos com gramado sintético.

os jardins do Aterro são classificados como "jardins modernos", por fazerem parte de uma tipologia de jardins que surgem de modo intrinsecamente associado ao movimento da Arquitetura Moderna. (...)
A escala humana teve prerrogativas no projeto detalhadamente concebido por Affonso Reidy, revelando no desenho as prioridades da cidade que projetava. Nela, a travessia dos pedestres não deveria ser penosa e, por isso, o

arquiteto projetou o rebaixamento do solo para a construção das pistas, e passarelas de pedestres com uma curvatura bastante suave a ser vencida para atravessar as pistas e alcançar o parque. O modernismo e a modernização estavam ali presentes: no parque moderno projetado para a fruição e vivência do pedestre e nas grandes vias de carros, replicando no Rio as ambivalências do Plano Piloto de Brasília.[14]

Os domingos e feriados são dias exclusivos para o lazer no Parque e no Aterro do Flamengo. Das 7h às 18h, o aterro é fechado para os carros, assim como as orlas de Copacabana, Ipanema e Leblon. A orla centro-sul da Baía de Guanabara, o maior parque urbano do mundo e a maior área de lazer ao ar livre da cidade torna-se então um dos locais preferidos para a prática de esportes, piqueniques e eventos culturais. Mas uma pergunta continua de pé. De qual aterro é o Aterro do Flamengo? O mestre Mauricio de Abreu,

> em seu clássico livro sobre a evolução urbana do Rio de Janeiro, apontava as grandes transformações que atingiam a cidade a partir dos anos 1950. Segundo ele, o governo Lacerda dedicou-se a adequar o espaço urbano às necessidades do automóvel e das classes que dele dispunham, por meio de uma série de obras para construção de vias expressas, de modo associado ao processo drástico de desmonte de morros e remoção de favelas do centro e dos locais mais valorizados da zona sul. Exemplo disso foi a remoção da favela do Morro do Pasmado, entre 1963 e 1964, localizado, justamente,

---

14. M. R. R. Chuva, Parque do Flamengo: projetar a cidade, desenhando patrimônio. *Anais do Museu Paulista: História e Cultura Material*, São Paulo, v. 25, n. 3, set.-dez. 2017, p. 139-166, p. 143-144. Disponível em: http://dx.doi.org/10.1590/1982-02672017v25n0305. Acesso em: 12 mar. 2021.

no ponto em que se encerrariam as autopistas planejadas do Aterro do Flamengo.[15]

Em janeiro de 1964, dependurados em caminhões do exército ou em paus de arara, os antigos moradores do Morro do Pasmado, em Botafogo (e das praias de Ramos e de Maria Angu) chegavam a Vila Kennedy, em Bangu. Além da Vila Kennedy, Lacerda construiu outros dois grandes conjuntos para os removidos: Vila Aliança, em Bangu, e Vila Esperança, em Vigário Geral. Juntos, os três receberam 37 mil moradores (dos 42 mil removidos por Lacerda), vindos de 32 favelas erradicadas parcial ou integralmente.

Os aterros que transformaram a orla carioca possuem distinções muito radicais. Embora praticamente realizados em períodos próximos e dentro da mesma época do rodoviarismo, o Aterro do Flamengo e o aterro da Avenida Brasil são demonstrativos de concepções muito desiguais a respeito dos papéis dos lugares na cidade que marcaram o significado social de cada espaço construído.

O primeiro cria um dos mais importantes equipamentos públicos da cidade, um parque ajardinado e arrojado em sua beleza arquitetônica e funcionalidade urbanística. Uma área de lazer que se dispõe entre a orla de uma praia reinventada e as autopistas que ligam o centro à Zona Sul. Além dos equipamentos modernos monumentais – Museu de Arte Moderna, Marina da Glória, Monumento Nacional aos Mortos da Segunda Guerra – em uma plástica de arquitetura e estética paisagista de provocar inveja. É claro que todos esses investimentos públicos do Estado contribuíram para a valorização simbólica e econômica de imóveis do bairro do

---

15. M. R. R. Chuva, Parque do Flamengo: projetar a cidade, desenhando patrimônio. *Anais do Museu Paulista: História e Cultura Material*, São Paulo, v. 25, n. 3, set.-dez. 2017, p. 139-166, p. 144. Disponível em: http://dx.doi.org/10.1590/1982-02672017v25n0305. Acesso em: 12 mar. 2021.

Vista panorâmica do Parque do Flamengo, uma das mais importantes obras do urbanismo na cidade e que assumiu a qualidade de marco do início do que se convencionou a denominar de Zona Sul.

É areia na farofa 207

Flamengo e imediações. Tudo no Parque do Flamengo foi bem planejado e executado com capricho para pertencer ao time da cidade maravilhosa.

Agora, quando comparamos ao que foi feito com a Avenida Brasil, muito teremos para criticar. A Avenida Brasil foi pensada como uma via expressa de circulação margeada para os negócios econômicos. Nenhum museu, nenhuma biblioteca ou centro cultural, nenhum espaço de lazer e esportes. Nenhuma praia foi preservada e/ou melhorada para uso social comum, um plano rígido para ser um não lugar? Pois é, seus aterros foram construídos de forma arbitrária, levaram de roldão as praias e seus moradores, não se deu a mínima importância para as atividades de trabalho e as festas, para o lazer e os esportes praticados, sobretudo os de caráter popular. E os rios? Passou-se por cima de rios, como Timbó, Faria, Faleiros, Frangos, Méier. Não ouvimos mais falar neles, só vemos os efeitos: a avenida inundada de água e lixo, sobretudo quando os temporais coincidem com as marés altas. Os aterros aceleram os processos naturais de assoreamento, aumentando o depósito de sedimentos e de lixo e esgoto. Aqui, o problema é sério, inclusive com os despejos de resíduos das refinarias de Manguinhos em uma ponta e a de Duque de Caxias – Reduc/ Petrobrás em outra ponta da Baía de Guanabara, sem contar com a contribuição dos inúmeros postos comerciais de combustíveis. Mais de dois milhões de pessoas hoje habitam a orla artificial da Avenida Brasil, com um saneamento básico limitado em termos de coleta e tratamento de esgotos. Em cálculo aproximado oriundo de pesquisas sobre a qualidade das águas da Baía de Guanabara, registrou-se um derrame de chorume equivalente a um bilhão de litros e noventa toneladas de lixo (Movimento Baía Viva). A presença de poluentes na bacia aérea é também muito grave devido aos gases de CO_2 lançados pelos 250 mil veículos que ali circulam diariamente e às fumaças tóxicas despejadas pelas indústrias, uma das principais causas de doenças respiratórias entre os residentes dos bairros e comunidades populares. A Baía de Guanabara foi transformada em um dos ambientes costeiros mais poluídos do mundo. Estima-se, inclusive, que restam apenas 12% do espelho d'água disponíveis para a pescaria artesanal.[16]

O quadro em registro nos leva a compreender que a grande Enseada de Inhaúma se tornou uma zona de sacrifício socioambiental.[17] O Estado e suas distintas agências de intervenção urbana, as empresas com suas desmedidas buscas de produtividade e lucro e a reduzida compreensão do significado de bem público comum que caracterizou a urbanização capitalista do território respondem por escolhas de lugares e territórios que serão sacrificados. Lembrando o filósofo Walter Benjamim, o progresso é uma tempestade que fabrica ruínas.

O PISCINÃO DE RAMOS: A BAÍA NEGRA REVIVE

Ao fundo da Praia de Ramos, no Bar Bambu, o boa-praça Dicró tinha cadeira cativa. O sambista que cantou para subir em 2012 virou Parque Ambiental da Praia de Ramos Carlos Roberto de Oliveira, popularmente conhecido como Piscinão de Ramos. Área concluída em 2001, com mais de 26 mil metros quadrados e com capacidade para 30 milhões de litros de água. E bem juntinho a celebrada Praia de Ramos. Sem dúvida um refresco para a rapaziada da Leopoldina.

Abria-se a oportunidade para recuperar uma história social, cultural e ambiental de Ramos. A população local e a do conjunto Leopoldina

---

16. Ver C. M. S. R. S. Chaves, *Mapeamento participativo da pesca artesanal da Baía de Guanabara*. Dissertação (Mestrado em Geografia) – Instituto de Geociências, Centro de Ciências Matemáticas e da Natureza, Universidade Federal do Rio de Janeiro, Rio de Janeiro, 2011.
17. "Zonas de sacrifício ambiental" é uma expressão utilizada pelos movimentos sociais de direitos e de justiça ambiental para designar espaços afetados pela localização discricionária de empreendimentos que provocam processos de degradação e destruição da natureza associada à vulnerabilidade de grupos sociais locais.

O Piscinão de Ramos na lente de Francisco Valdean

viram com olhos sensíveis o projeto ganhar forma e lugar. Afinal, os investimentos públicos para o lazer foram sempre muito tímidos naquela região da cidade. O Piscinão logo ganhou o gosto da galera. Lotado para o samba, o churrasco, o frango assado com farofa, a cerveja, o pastel, o refrigerante e... a garotada na água.

O apelo popular não teve a correspondência necessária por parte dos governos estaduais e municipais que se sucederam. Não houve cuidado com a salubridade das águas, com a limpeza da praia artificial e até mesmo com as questões de segurança pública, trazendo graves problemas que resultaram em períodos de fechamento daquele equipamento público, por causa da falta de atenção pública governamental.

Muitas críticas foram direcionadas ao Piscinão. Para muitos dos seus críticos, ele foi feito para conter a população pobre e favelada no seu devido lugar e, com isso, impedir a sua presença nas praias da Zona

Sul. Contudo, o principal questionamento passou pelo ponto de a sua criação não estar associada a nenhum projeto de despoluição da Praia de Ramos e, por extensão, da Baía de Guanabara. Ao contrário, consolidou o abandono da Praia de Ramos, quase apagando da cidade a sua memória social e ambiental.

Como uma das poucas opções locais de lazer para uma população de dois milhões de moradores dos bairros da Leopoldina, o Piscinão já teve um público de mais de 80 mil pessoas por dia, em verões brabos da cidade. E com a chegada de pessoas, o comércio não parou de crescer, com bares, barracas e ambulantes para a oferta de lanches e bebidas, além da venda de biquínis, cangas e toalhas de praia, guarda-sóis, cadeiras e, é claro, bronzeadores e protetores solares para embelezar a cor da pele. O Piscinão também virou um acontecimento com grupos de pagode e forró que animam com música e dança os finais de semana iluminados de sol. Há, portanto, uma tradição cultural de convivências plurais que, mesmo com todos as limitações que se fazem presentes, ainda se afirmam como potência das inventividades populares. Fica evidente a importância de investimentos públicos para a cidade como um todo, e com a mesma qualidade para todos, especialmente para espaços marcados por profundas desigualdades sociais e distinções raciais. Por outro lado, em qualquer visita, em qualquer dia, veremos no Piscinão de Ramos uma demonstração inequívoca da Baía Negra que ainda resiste e existe mesmo que as águas estejam desencantadas.

"O dia está maravilhoso / Eu vou vestir o meu calção / Curtindo esse sol gostoso / Eu vou lá pro Piscinão." (Dicró)

A virada para os territórios populares

A pesca foi uma das principais atividades de trabalho na Baía de Guanabara. O seio do mar alimentou os tupis com a fartura de robalos e tainhas. A colonização portuguesa do território não se valeu apenas do

A atividade da pesca da baleia na América portuguesa começou a desenvolver-se no início do século XVII. O azeite de baleia era empregado para diversos fins: na iluminação, na impermeabilização de navios e barcos, fabrico de velas, sabões e outros produtos. No Brasil, o óleo de baleia era vendido a alto preço, embora tivesse qualidade inferior ao de oliva.

pau-brasil como objeto mercantil, a pesca da baleia merece igual destaque. Por quase um século a pesca/caça das baleias foi uma atividade fundamental para a vida econômica da cidade que se erguia entre morros e pântanos. O óleo e a pele, mais do que a carne, eram os produtos mais almejados e, evidentemente, vendidos em terra e além-mar.

A atividade pesqueira também animava a criação de ancoradouros e de cais que se multiplicavam pela orla do centro da cidade até a vasta Enseada de Inhaúma, complementando e diversificando a função comercial oriunda das relações com os engenhos e fazendas das freguesias rurais.

Pois bem, essa atividade é da maior importância para o abastecimento alimentar da cidade. É preciso lembrar que a vitória da feijoada na culinária da cidade foi antecedida pelo peixe com fubá das pretas cozinheiras, prato mais comum entre os trabalhadores das ruas, sobretudo os escravos de ganho e os alforriados.

A atividade da pesca artesanal criou núcleos importantes de ocupação do litoral. Foi assim que no entorno dos portos do recôncavo emergiram as primeiras ocupações populares da Enseada de Inhaúma. Nas praias da Ponta do Caju, casas de madeira foram construídas sobre o mar. São as moradas populares denominadas palafitas. Os territórios populares começavam subindo as marés. Na Quinta do Caju e no Retiro Saudoso surgiram as "colônias" de pescadores, com a presença destacada de emigrantes portugueses pobres que buscavam o trabalho de pesca artesanal, e de diversas famílias negras, sobretudo

No período colonial, segundo Amador (1997), "pescadores portugueses vieram ao país e se fixaram na área do Caju, desenvolvendo a primeira colônia de pesca brasileira". Todavia, é preciso afirmar a representatividade negra na pesca artesanal no Brasil e em todo litoral Guanabara, configurando aquilo que definimos como Baía Negra.

após a abolição do cativeiro, que buscavam trabalho e refúgio. Décadas depois, esse núcleo se torna a Colônia Z12 (somada à do Centro e à da Urca). Se seguirmos pelas praias de Inhaúma e Ramos até o Porto de Maria Angu, no entorno do Porto de Inhaúma, originado no século XVII, também encontraremos esse processo de ocupação popular disparado pela pesca, conformando a atual Colônia Z11 (Bonsucesso, Ramos e Ilha do Fundão). Histórias semelhantes também podem ser contadas sobre as comunidades de pescadores da Urca, de Jurujuba (Niterói) e de Gradim (São Gonçalo).

Festa de São Pedro acontece todos os anos na Baía de Guanabara. A celebração consiste em missa, procissão marítima e outras atividades. A Festa de São Pedro e São Paulo, também chamada de Solenidade dos Santos Pedro e Paulo, é uma festa cristã, que é comemorada em 29 de junho ou no domingo seguinte.

(...) Pela resenha abaixo transcrita se poderá ver bem o programa que Z-6 de Inhaúma se esforça para a completa execução: terreno e sede da secção do Porto de inhaúma [...] luz, água e esgoto; concerto prédio de Inhaúma; praça de esportes (...), escola primária (...) escola de pesca, escola para motorista marítimo e terrestre (,,,) vila para pescadores; leite para os filhos do pescadores; consultórios médicos (...), posto policial (...) barracas venda de peixes; melhoramento da praias Maria Angu.[18]

É importante destacar que a pesca envolvia uma das mais importantes tradições culturais e religiosas populares da Baía de Guanabara. A procissão marítima em saudação a São Pedro, padroeiro dos pescadores, reunia elementos do catolicismo popular e, por muito tempo, foi a maior festa de celebração reunindo comunidades localizadas na orla da baía, o que demonstra, mais uma vez, tal como a celebração consagrada à Iemanjá, a força das festas de caráter religioso popular como enlace de identidades comunitárias.

É evidente que a vida era de muito trabalho. Seja no mar, ou mesmo nos manguezais, era um esforço cotidiano de saberes e fazeres recompensado com cestos de peixes, mariscos e crustáceos destinados ao comércio e à mesa de casa. Muitas dessas comunidades não tinham serviços básicos de saúde e educação, ou mesmo saneamento e rede elétrica (o mais comum eram os motores movidos a óleo diesel, desligados entre 8 e 10 horas da noite).

Podemos dizer que a construção da Avenida Brasil como medida do progresso da cidade prometeu, mas não trouxe direitos fundamentais para os grupos populares já estabelecidos entre praias e manguezais de Inhaúma. De certo modo, a degradação da vasta enseada e a desterrito-

---

18. Uma visita à colônia Z-6 de pescadores. *A Batalha*, Rio de Janeiro, ano IV n. 1095, 13 jun. 1933, p 1.

Vista atual do ancoradouro da Praia de Ramos. Ou melhor, o recorte da comunidade de pescadores que sobreviveu aos aterros sucessivos que originaram a Avenida Brasil. Foto de Francisco Valdean.

É areia na farofa

Um mergulho na história: pescadores nas palafitas da Maré na Baía de Guanabara. Embora já existissem núcleos de pescadores na região desde o final do século XIX. Com a construção da Avenida Brasil, as primeiras famílias que ocuparam a Maré demarcaram territórios ao longo da via, expandindo-se na direção do Canal do Cunha e da Baía de Guanabara.

rialização de comunidades tradicionais provocadas pela urbanização vertiginosa são representativas do que ocorreu e vem ocorrendo no conjunto do litoral do recôncavo.

De modo geral, a pesca artesanal largamente vivenciada como uso de sustento socioeconômico na Baía de Guanabara tornou-se mais restrita como possibilidade de trabalho. A disputa territorial pelos distintos usos econômicos das praias, a expropriação gradativa e, em algumas não raras situações, a expulsão violenta provocada pela imposição dos interesses do Estado, do mercado imobiliário e do turismo – todos intimamente associados ao processo de degradação ambiental – respondem pela vertiginosa queda do papel econômico e social da pesca artesanal.

As comunidades de pescadores artesanais que ainda sobrevivem – sobretudo as organizadas sob o modelo de colônias – enfrentam condições de extrema adversidade em termos de possibilidades do exercício da sua atividade econômica devido à agressiva poluição das águas da baía e até mesmo à presença de empresas de pesca com embarcações que possuem maior poder tecnológico em ação no alto mar.[19] Como afirma o professor Acselrad, "o desprezo pelo espaço comum e pelo meio ambiente se confunde com o desprezo pelas pessoas e comunidades".[20]

Voltemos à variante, depois chamada Avenida Brasil, onde começam as mudanças mais radicais na fisionomia social e física do território. Como vimos, a urbanização foi tão veloz quanto discricionária, trazendo uma maré de gente para abrir espaço, domar as águas das praias, dos rios e dos manguezais com aterros e canais. Construíram prédios de fábricas, armazéns, moradias e universidade, lugares nos quais jamais iriam trabalhar, habitar ou mesmo estudar. Gente que já chegou sem teto e sem chão e, assim, ficou quando as obras terminaram. Começavam, então, outras marés a subirem o litoral. A criação de favelas é a expressão legítima de homens e mulheres despossuídos em sua luta para viver na cidade.

A destruição da geomorfologia e da biodiversidade da orla com o aterramento, o assoreamento dos rios e das praias, assim como a poluição ambiental, conduziu muito ao limite de exaustão as atividades de pesca como sustento material e simbólico das comunidades populares da Enseada da Inhaúma. Seus filhos, aqueles que chegavam para as obras da

---

19. Com a pesca realizada por embarcações de maior poderio técnico, os pescadores da baía acabam ficando com peixes de menor valor econômico, se estes sobrevivem às condições ambientais degradadas.
20. H. Acselrad, Justiça ambiental: ação coletiva e estratégias argumentativas, in: H. Acselrad; S. Herculano; J.A. Pádua, *Justiça ambiental e cidadania*. Rio de Janeiro: Relume Dumará, 2004, p11

Praça do Mar. Ancoradouro de embarcações da Comunidade de pescadores do Caju, nas lentes de Sérgio Borges.

expansão urbana e aqueles removidos de favelas da Zona Sul da cidade, precisaram recriar suas histórias e reinventar suas geografias. É desse modo que podemos conceituar e entender como a Zona Norte se tornou o maior abrigo de comunidades populares da cidade, com 250 favelas, dentre elas as de Jacarezinho, Maré, Alemão e Acari, com pelo menos 700 mil moradores. Aqui podemos destacar essa nova Baía Negra que vai surgindo de onde outrora foi mar, praia e manguezal, nas suas vizinhanças mais imediatas, como os conjuntos de favelas da Penha e, principalmente, o da Maré,[21] incluindo neste, a Favela da Praia de Ramos.

---

21. O conjunto de favelas da Maré abriga 140 mil habitantes em 40 mil domicílios distribuídos em 16 comunidades.

> O crescimento da população aferido pelo Censo de 2010 alcançou 11% em relação a 2000 na Área de Planejamento 3, confirmando a maior concentração de pessoas morando em favelas (654.755) e demonstrando que as favelas da Zona Norte (e dos subúrbios) são ainda importantes soluções para os pobres viverem na cidade, tanto no sentido da posse de uma moradia como também das oportunidades de trabalho, dentro ou fora das favelas.[22]

A enseada é aterrada para receber uma avenida/rodovia margeada por empresas industriais e comerciais e mais de duas centenas de favelas. A partir dos anos 1990, os primeiros sinais de crise econômica começaram a aparecer e, na sequência de seu agravamento, as falências de empresas se multiplicaram e outras migraram em busca de localizações mais lucrativas. Desemprego e abandono de imóveis tornaram-se comuns. A zona industrial virou um corredor de ferrugem. É nesse período que as favelas crescem e se expandem, notadamente o grande conjunto de favelas da Maré. Com isso, a Avenida Brasil, que era a expressão concreta e simbólica de um projeto de progresso e desenvolvimento da cidade, acaba por receber o estigma de avenida do medo.

Em uma reportagem de um veículo de comunicação corporativo sobre as vias mais perigosos da cidade, a Avenida Brasil foi indicada como um dos destaques principais por parte dos entrevistados. Medo de assaltos e tiroteios ao ficar em um trânsito congestionado, ou ser obrigado a parar por algum motivo, figuravam no topo dos temores dos motoristas que circulavam por aquela via expressa. Os confrontos entre facções rivais do tráfico de drogas e de armas e entre eles e a polícia nas operações de "guerra às drogas" também são responsáveis diretos pelas

---

22. Silva; Barbosa; Simão, *A favela reinventa a cidade*, 2020. p.101

A Favela da Maré ocupa grande parte da enseada de Inhaúma. As moradias populares emergiram das possibilidades de ocupação de manguezais e praias originadas de comunidades pescadores. Foto de Francisco Valdean.

situações recorrentes de violência na Avenida Brasil, principalmente envolvendo territórios populares sob o controle de grupos armados (narcotraficantes e milicianos). A marca da violência vai sendo gravada como uma tatuagem para que não se apague.

Como sabemos, os estigmas não são atributos das coisas, dos lugares ou das pessoas, mas são sim das relações construídas entre sujeitos sociais e, no caso da Avenida Brasil, essas relações estão vinculadas à presença de comunidades populares. A representação do terror que invade o imaginário sobre a Avenida Brasil está ligada ao modo pelo qual as favelas da cidade, sobretudo das vizinhas àquela via expressa, são conceituadas e tratadas –, os estigmas da violência são misturados aos estereótipos de carência social. Entretanto, como demonstram diversos estudos sobre segurança pública na cidade, os territórios populares são os mais atingidos pela criminalidade violenta e pela própria violência do Estado.[23]

A avenida do progresso hoje se faz avenida do abandono das atividades econômicas, da degradação material de imóveis e das longas horas dentro de um ônibus, sobretudo para aqueles que trabalham no Centro

O carnaval na favela promove em suas ruas e vielas o encontro da festa e da fantasia que celebra as águas encantadas da Baía de Guanabara. Foto de Ubirajara Carvalho.

ou na Zona Sul, mas residem nos subúrbios da Leopoldina e nos bairros da Zona Oeste. Ou seja, uma passagem que se quer rápida e uma paisagem que ser distante do retrovisor do automóvel. Se isso tudo faz da Avenida Brasil um não lugar, aqui utilizando a expressão de Augé,[24] há outras relações que, no entanto, fazem dela uma possibilidade concreta de convivências solidárias, de criação estética, de práticas culturais, de invenção de lazer e de geração de trabalho e renda. Há uma enseada de existências plurais invisíveis e invisibilizadas que se fazem presentes nas moradas populares que emergiram das praias, dos manguezais, dos brejos. São elas que agora contam as histórias do Recôncavo da Guanabara. Mas isso é assunto para um próximo livro.

CONSIDERAÇÕES FINAIS

Nas águas encantadas da Baía de Guanabara...

"Eu estou ligado a você pelo som
Que escutamos antes do sono
Mesmo que entre nós haja um Saara
Ou uma Baía de Guanabara"

ARNALDO ANTUNES, "Ligado a você"

As praias, os manguezais e as ilhas dos bairros suburbanos da orla da Baía de Guanabara abrigaram usos sociais dos mais diversos. Da pesca e do extrativismo de suas comunidades tradicionais às festas populares, como os banhos da folia carnavalesca, e religiosas de matriz afro-brasileira e católica (celebrando Iemanjá e São Pedro). Do lazer dos banhos de mar às práticas esportivas em suas areias e águas; os balneários do Caju e de Ramos foram seus testemunhos. As praias serviram também para criação de ancoradouros e portos que permitiam a circulação de produtos de engenhos e fazendas das freguesias rurais para abastecer a cidade e o mercado de exportação de bens agrícolas como o açúcar e o café. Os portos de Maria Angu e de Inhaúma, hoje apagados da história da cidade, foram destaques por mais de dois séculos, até as ferrovias abalarem seu prestígio e eles serem soterrados com a construção da Avenida Brasil.

Todavia, o litoral esquecido que agora virou lenda não era exclusivamente vivenciado pelos grupos populares. As classes médias também se fizeram presentes nas águas com as regatas de clubes como Vasco da Gama e São Cristóvão, cujas sedes estavam próximas à beira-mar do subúrbio. Fotografias também captaram pescarias em trajes chiques para efemérides em clubes náuticos e também grupos em fantasias para o banho nas praias de Santa Luzia, de São Cristóvão e do Retiro Saudoso.

Os bairros à beira-mar localizados na orla que ia do centro da cidade à freguesia da Inhaúma configuraram múltiplas geografias de encontros, de inventividades e de convivências plurais. Trabalho, cultura e religiosidade estiveram imbricados na apropriação e no uso da natureza diversa em suas fisionomias de enseada, praia, manguezal, lagoa, brejo. Muitas vezes essa diversidade da natureza foi tratada como obstáculo e definida como insalubre e perigosa, destinada a ser conquistada e domada para dar lugar à civilização e ao progresso da sociedade urbana. Tudo isso, entretanto, disparou processos de destruição e degradação com aterros de praias e manguezais, dessecamentos de lagoas e brejos, canalização de rios, poluição com despejos de esgoto doméstico e industrial. Mudanças avassaladoras e implacáveis que elegeram os subúrbios marítimos como "zonas de sacrifício socioambiental".

A baía experimentou transformações na enseada de Botafogo, passando pelas praias do Russel, da Glória e do Centro, até chegar às enseadas de São Diogo e de Inhaúma, como uma prática generalizada inscrita na urbanização vigorosa e devoradora do litoral do Rio de Janeiro. Entretanto, os investimentos e as intervenções urbanas, na maioria das vezes realizados com recursos do Estado, foram radicalmente distintos, provocando desigualdades sociais e raciais que repercutem em nosso presente século. Basta uma simples comparação da produção do espaço do Aterro do Flamengo e do aterro da Avenida Brasil.

A Baía de Guanabara perdeu seu encanto, sua magia e sua beleza? É possível inventar outro presente para cuidar do futuro? Estas questões nos remetem a busca de *Gûaîupîá*, terra encantada da mitologia dos viajantes tupinambás. O seio do mar era a paisagem divina do paraíso feito de rios de águas límpidas, lagunas, manguezais e matas que convidavam ao remanso, à fartura e à felicidade. Lendas vivenciadas por, pelo menos, cinco séculos. Porém, se não é possível voltar aos mundos idílicos, se é que houve um único dia assim, ainda é possível colocar na proa do navio o estandarte da Utopia. E singrar pelas águas encantadas para refazer a baía como mito e profecia. Ou, então, ser uma nau que carrega memórias sobreviventes diante do apagamento cruel provocado pela urbanização desmedida do progresso que despreza a naturezas e as gentes. Considerar o litoral da Guanabara como "zona de sacrifício socioambiental" não foi um exagero de retórica. E, para sermos bem radicais, uma prática contumaz de racismo ambiental.[1]

Sobrevive, ainda, uma baía que não aparece nos cartões postais da "Cidade Maravilhosa". Uma baía que se fez negra na brutalidade do trabalho escravo e nas lutas incansáveis por liberdade. Submergida com a expansão discricionária e desigual da cidade, a Baía Negra é revivida na presença dos territórios populares. As histórias singulares emergem nas grafias do território, mesmo quando condenadas à invisibilidade. As festas dos barcos e dos peixes, dos santos e das santas, dos perfumes e das flores, do trabalho e da fantasia, dos lutos e das lutas outrora submersas exigem voltar à cena da cidade. E inventar um outro sentido do Rio de Janeiro.

Nosso empenho neste singelo livro foi trazer à superfície imagens textuais e visuais que pudessem provocar uma inflexão territorial do que geralmente é considerado paisagem-marca da cidade maravilhosa; o litoral da Zona Sul carioca. De certo modo, confrontamos uma história única e uma geografia de exceção da utopia compulsória que elegeu uma parte do Rio de Janeiro como ideal do todo e, com isso, se tornou um dispositivo discursivo e prático de dissolução da memória de outros lugares. Voltamos ao que denominamos de bairros marítimos. Ou melhor, àquela vasta extensão de enseadas, praias, manguezais, lagoas, lagunas, brejos que saíram do mapa devido ao silêncio imposto pelos aterros, pelos dessecamentos, pelas canalizações, pelos vazadouros, justamente para não deixar a página virada do tempo-espaço das múltiplas existências ali presenciadas.

---

1. Racismo ambiental é definido como uma ação intencional que provoca prejuízo, desvantagens e riscos socioambientais para grupos com marcações corpóreo-territoriais, explicita ou implicitamente, envolvendo populações negras, quilombolas e indígenas.

Retomar o projeto de despoluição da Baía de Guanabara é uma urgência. É uma agenda pública da maior importância para realizar o nosso pleno Direito à Cidade. Para tanto, é preciso reunir outras leituras, outros significados e, sobretudo, outros territórios e outros personagens de referência social, cultural e política. (As favelas e seus moradores deverão estar obrigatoriamente entre eles!). No final das contas, dos cantos e dos contos foi essa a intenção maior deste livro.

É possível reescrever a memória do litoral da cidade como um mergulho solene e atrevido nas águas do Piscinão de Ramos! Foto de Francisco Valdean

232 *As águas encantadas da Baía de Guanabara*

REFERÊNCIAS BIBLIOGRÁFICAS

ABREU, Maurício de Almeida. *Geografia Histórica do Rio de Janeiro (1502 – 1700)*. Vol. 1. Rio de Janeiro: Andrea Jakobson Estúdio: Prefeitura do Município do Rio de Janeiro, 2010.

ABREU, Maurício Almeida (org.) *Natureza e Sociedade no Rio de Janeiro*. Coleção Biblioteca Carioca, Secretaria Municipal de Cultura, Turismo e Esportes do Rio de Janeiro, 1992

ACSELRAD, Henri; HERCULANO, Selene; PÁDUA. José Augusto (orgs). *Justiça ambiental e cidadania*. Rio de Janeiro: Relume Dumará, 2004.

ALTOÉ, Larissa. *Ordens religiosas foram as maiores proprietárias de terras no Rio de Janeiro do século XVI ao XIX. MultiRio: a mídia educativa da cidade*, Rio de Janeiro, 4 maio 2016. Disponível em: http://multirio.rio.rj.gov.br/index.php/leia/reportagens-artigos/reportagens/9493-ordens-religiosas-foram-as-maiores-propriet%C3%A1rias-de-terras-no-rio-de-janeiro-do-s%C3%A9culo-xvi-ao-xix/. Acesso em 10 de dezembro de 2020.

AMADOR, Elmo da Silva. *Baía de Guanabara: Ocupação histórica e avaliação ambiental*. Rio de Janeiro: Editora Interciência, 2013.

AMADOR, Elmo da Silva. Baía de Guanabara: um balanço histórico. In ABREU, Maurício Almeida (org.) *Natureza e Sociedade no Rio de Janeiro*. Coleção Biblioteca Carioca, Secretaria Municipal de Cultura, Turismo e Esportes do Rio de Janeiro, 1992

AUGÉ, Marc. A guerra dos sonhos. Celta: Oeiras, 1998.

BAHIA, Joana. *O Rio de Iemanjá: uma cidade e seus rituais*. Revista Brasileira de História das Religiões, Maringá, ano 10, v. 30, jan.- abr. 2018. Disponível em: http://periodicos.uem.br/ojs/index.php/RbhrAnpuh/article/view/35119/21507. Acesso em: 12 mar. 2021.

BARBOSA, Jorge Luiz. *Modernização Urbana e Movimento Operário no Rio de Janeiro*. Dissertação de Mestrado, Rio de Janeiro. Programa De Pós-graduação em Geografia UFRJ, 1992.

BARICKMAN, Bert J. *"Passarão por mestiços": o bronzeamento nas praias cariocas, noções de cor e raça e ideologia racial, 1920-1950. Afro-Ásia*: Salvador, n. 40, p. 173-221, 2009. Disponível em: http://www.afroasia.ufba.br/pdf/AA_40_BJBarickman.pdf. Acesso em: 5 jun. 2016.

BENJAMIN, Walter. *Passagens*. Belo Horizonte: Editora da UFMG; São Paulo: Imprensa Oficial do Estado de São Paulo, 2007.

BERNARDES, Lysia M. C. *A Evolução da paisagem do Rio de Janeiro*. In ABREU, Maurício Almeida (org.) *Natureza e Sociedade no Rio de Janeiro*. Coleção Biblioteca Carioca, Secretaria Municipal de Cultura, Turismo e Esportes do Rio de Janeiro, 1992.

BEZERRA, Nielson Rosa. *Mosaicos da escravidão: identidades africanas e conexões atlânticas do Recôncavo da Guanabara (1780-1840)*. Tese (Doutorado) –Instituto de Ciências Humanas e Filosofia, Departamento de História, Universidade Federal Fluminense. Niterói, 2010.

BRASIL, Gerson. *História das ruas do Rio*. Rio de Janeiro: Lacerda, 2000.

CAMARGO, Rosane Feijão de Toledo. *Tudo é novo sob o sol: moda, corpo e cidade no Rio de Janeiro dos anos vinte*. Tese (Doutorado em Comunicação Social) – Centro de Educação e Humanidades, Faculdade de Comunicação Social, Universidade do Estado do Rio de Janeiro, Rio de Janeiro, 2016.

CHAVES, C.R. *Mapeamento participativo da pesca artesanal da Baía de Guanabara*. Dissertação (Mestrado em Geografia) – Instituto de Geociências, Centro de Ciências Matemáticas e da Natureza, Universidade Federal do Rio de Janeiro, Rio de Janeiro, 2011.

CHEVALIER, Jean e GHEERBRANT, Alain. *Dicionário de símbolos*. Rio de Janeiro: José Olympio, 2009.

CHRYSOSTOMO, Maria Isabel de Jesus. *"Uma Copacabana Perdida nos Confins suburbanos": a ideia de balnearização do bairro de Ramos/RJ (anos 1920-1940)*. Confins: revista franco-brasileira de geografia, n. 39, 2019. Disponível em: http://journals.openedition.org/confins/18086. Acesso em: 5 maio 2020.

CHUVA, Márcia Regina Romeiro. Parque do Flamengo: projetar a cidade, desenhando patrimônio. *Anais do Museu Paulista*: História e Cultura Material. São Paulo, v. 25, n. 3, p. 139-166, 2017. Disponível em: http://dx.doi.org/10.1590/1982-02672017v25n0305. Acesso em: 12 mar. 2021.

CORRÊA, Armando Magalhães e VIEIRA, Antônio Carlos Pinto (Org.). *Águas Cariocas: A Guanabara como Natureza*. Rio de Janeiro: Outras Letras, 2016.

COSTA, Renato da Gama-Rosa. *Entre "avenida" e "rodovia": a história da Avenida Brasil (1906-1954)*. Tese (doutorado) - Urbanismo da Faculdade de Arquitetura e Urbanismo, Centro de Letras e Artes da Universidade Federal do Rio de Janeiro. Rio de Janeiro, 2006.

DEL BRENNA, Giovanna. *O Rio de Janeiro de Pereira Passos: uma cidade em questão II*. Rio de Janeiro: Editora Index, 1985.

DINIZ, Edson. BELFORT, Marcelo Castro. e RIBEIRO, Paula. (Orgs.). *Memórias e Identidade dos moradores do Morro do Timbau e Parque Proletário da Maré*. Rio de Janeiro: Editora Redes da Maré, 2013.

DOSSIN, Franciely Rocha. *Entre evidências visuais e novas histórias: sobre descolonização estética na arte contemporânea*. Tese de doutorado (História), Programa de Pós-Graduação em História, Florianópolis, SC, UFSC: 2016.

DUNLOP, Charles Julius. *Subsídios para a História do Rio de Janeiro*. Rio de Janeiro: Editora Rio Antigo, 1957.

EDMUNDO, Luiz. *O Rio de Janeiro do meu tempo*. Rio de Janeiro: Editora Conquista, 1957.

EUGENIO, Alisson. *Lágrimas de sangue: a Saúde dos Escravos no Brasil da época de Palmares à Abolição*. São Paulo: Alameda, 2016.

FARIAS, Juliana. Barreto. GOMES, Flavio dos Santos. SOARES, Carlos Eugenio Líbano. Araújo, Carlos Eduardo Moreira de. *Cidade Negras: africanos, crioulos e espaços urbanos no Brasil escravista do século XIX*. São Paulo: Alameda, 2006.

FAUSTO, Carlos. Fragmentos de história e cultura tupinambá: da etnologia como instrumento crítico de conhecimento etno-histórico. *In*: CUNHA, Manuela Carneiro da (Org.). *História dos índios no Brasil*. São Paulo: Companhia das Letras: Secretaria Municipal de Cultura: FAPESP, p. 381-396, 1992.

FERNANDES, Fernando Lourenço. A feitoria portuguesa do Rio de Janeiro. *História (São Paulo)*, São Paulo, v. 27, n. 1, p. 155-194, 2008. Disponível em: http://www.scielo.br/scielo.php?script=sci_arttext&pid=S0101-90742008000100010&lng=en&nrm=iso. Acesso em: 13 out. 2020.

FERNANDES, Nelson da Nóbrega. *O rapto ideológico da categoria subúrbio: Rio de Janeiro 1858-1945*. Rio de Janeiro: Apicuri, 2011.

FRIDMAN, Fania. *Donos do Rio em nome do rei: uma história fundiária da cidade do Rio de Janeiro*. Rio de Janeiro: Jorge Zahar Ed.: Garamond, 1999.

FRIDMAN, Fania. *Freguesias fluminenses ao final do Setecentos*. Revista do Instituto de Estudos Brasileiros. São Paulo, n. 49, p. 91-143, mar. 2009, p. 102. Disponível em: https://www.revistas.usp.br/rieb/article/view/34641/37379. Acesso em: 12 mar. 2021

FRIDMAN, Fania e FERREIRA, Mario Sergio Natal. *Os Portos do Rio de Janeiro Colonial*. In Encontro de Geógrafos da América Latina. Buenos Aires: Universidade de Buenos Aires, p. 1-8, 1997.

GASPAR, Claudia Braga. *Orla Carioca: história e cultura*. São Paulo: Metalivros, 2004.

GOMES, Laurentino. *1808: Como uma rainha louca, um príncipe medroso e uma corte corrupta enganaram Napoleão e mudaram a história de Portugal e do Brasil*. Rio de Janeiro: Globo Livros, 2014.

GUERRA, Antônio Teixeira. Paisagens físicas da Guanabara. *Revista Brasileira de Geografia*. Rio de Janeiro, v.27, n° 4, p.539-568, out.-dez. 1965. Disponível em: https://biblioteca.ibge.gov.br/visualizacao/periodicos/115/rbg_1965_v27_n4.pdf. Acesso em: 20 mar. 2021.

JEHA, Silvana Cassab. *A cidade-encruzilhada: o Rio de Janeiro dos marinheiros, século XIX*. Revista do Arquivo Geral da Cidade do Rio de Janeiro, v. 9, p. 77-89, 2015. Disponível em: http://wpro.rio.rj.gov.br/revistaagcrj/wp-content/uploads/2016/11/e09_a29.pdf. Acesso em: 12 mar. 2021.

KARASCH, Mary. *A vida dos escravos no Rio de Janeiro (1808-1850)*. São Paulo: Companhia das Letras, 2000.

KIDDER, Daniel P. *Reminiscências de Viagens e Permanência no Brasil (Províncias do Sul)*. Rio de Janeiro: Biblioteca Histórica Brasileira, 1972.

LAMEGO, Alberto Ribeiro. *O Homem e a Guanabara*. Rio de Janeiro: CNG: IBGE, 1964.

LEMOS BARBOSA, Antônio. *Pequeno vocabulário tupi-português*. Rio de Janeiro: Livraria São José, 1965.

LÉRY, Jean de.. *Histoire d'un voyage fait en la terre du Brésil*. Frank Lestringant (ed.). Paris: Le Livre de Poche, 1994.

LIMA, Rachel Gomes de. *Senhores e possuidores de Inhaúma: propriedades, famílias e negócios da terra no rural carioca 'oitocentista' (1830-1870)*. Tese (Doutorado) – Instituto de Ciências Humanas e Filosofia, Departamento de História, Universidade Federal Fluminense, Niterói, 2016.

LOBO, Eulalia Maria Lahmeyer. *História do Rio de Janeiro*: do capital comercial ao capital industrial e financeiro. Rio de Janeiro: IBEMEC,1978.

LOPES, Nei e SIMAS, Luiz Antonio. *Dicionário da história social do samba*. Rio de Janeiro: Civilização Brasileira, 2015.

LOPES, Nei. *Dicionário da Hinterlândia Carioca: antigos "subúrbio" e "zona rural"*. Rio de Janeiro: Pallas, 2012.

LUCCOCK, Jonh. *Notas sobre o Rio de Janeiro e partes meridionais do Brasil. Tomadas durante uma estada de 10 anos nesse país, de 1808 a 1818*. São Paulo. Editora da Universidade de São Paulo, 1975.

MALAMUD, Samuel. *Recordando a Praça Onze*. Rio de Janeiro: Livraria Kosmos Editora, 1988.

MARTINS, José de Souza. *O cativeiro da terra*. São Paulo: Editora Contexto, 2010.

MÁXIMO, João e DIDIER, Carlos. *Noel Rosa: uma biografia*. Brasília: Linha Gráfica\ UNB, 1990.

MELO, Victor Andrade de. *As camadas populares e o remo no Rio de Janeiro da transição dos séculos XIX/XX*. Movimento, Porto Alegre, ano 6, n. 12, p. 63-72, 2000.

Disponível em: https://seer.ufrgs.br/Movimento/article/view/2501. Acesso em: 12 mar. 2021.

MELO, Victor Andrade de. *O mar e o remo no Rio de Janeiro do século XIX*. Revista Estudos Históricos: Esporte e Lazer. Rio de Janeiro, Fundação Getúlio Vargas, v. 13, n. 23, p. 41-71, 1999. Disponível em: http://bibliotecadigital.fgv.br/ojs/index.php/reh/article/view/2088/1227. Acesso em: 12 mar. 2021.

MELO, Victor Andrade de. *Uma geografia do esporte: a experiência dos clubes de iatismo da Zona da Leopoldina (Rio de Janeiro, 1941-1954)*. São Paulo: Geousp – Espaço e Tempo, v. 24, n. 1, p. 83-103, abr. 2020. Disponível em: http://www.revistas.usp.br/geousp/article/view/163185. Acesso em 20 de janeiro de 2020.

O'DONNELL, Julia. *A invenção de Copacabana – culturas urbanas e estilos de vida no Rio de Janeiro*. Rio de Janeiro: Zahar, 2013.

PERRONE-MOISÉS, Beatriz; SZTUTMAN, Renato. *Notícias de uma certa Confederação Tamoio*. Mana. Rio de Janeiro, v. 16, n. 2, p. 401-433, 2010. Disponível em: http://www.scielo.br/pdf/mana/v16n2/07.pdf. Acesso em: 20 mar. 2021.

PINHEIRO, Joely Aparecida Ungaretti Pinheiro. *Conflito entre jesuítas e colonos na América Portuguesa*. Tese (Doutorado em Economia Aplicada) – Instituto de Economia, Universidade Estadual de Campinas, Campinas, 2007.

PIRES, Antônio Liberac Carlos Simões e SOARES, Carlos Eugênio Líbano. *Capoeira na escravidão e na pós-abolição*. In: Dicionário da escravidão e liberdade. SCHWARCZ, Lilia e GOMES, Flávio (Orgs.). São Paulo: Companhia das Letras, 2018.

REGINALDO, Lucilene. *Irmandades*. In: Dicionário da escravidão e liberdade. SCHWARCZ, Lilia e GOMES, Flávio (Orgs.). São Paulo: Companhia das Letras, 2018.

RIO, João. *A alma encantadora das ruas*. São Paulo: Companhia das Letras, 1997.

RODRIGUES, Cláudia. *Mortes e rituais fúnebres*. In: Dicionário da escravidão e liberdade. SCHWARCZ, Lilia e GOMES, Flávio (Orgs.). São Paulo: Companhia das Letras, 2018.

RUELLAN, Francis. Evolução geomorfológica da baía de Guanabara e das regiões vizinhas. *Revista Brasileira de Geografia*. Rio de Janeiro, ano 6, nº 4, p. 445-508, out.-dez. 1944.

SEVCENKO, Nicolau. *A revolta da vacina - mentes insanas em corpos rebeldes*. São Paulo: Brasiliense, 1984.

SILVA, Jailson de Souza, BARBOSA, Jorge Luiz e SIMÃO Mario Pires. *A Favela reinventa cidade*. Rio de Janeiro: Mórula Editorial, 2020.

SILVA, Rafael Freitas da. *O Rio antes do Rio*. Rio de Janeiro: Babilônia Cultura Editorial, 2015.

SILVA. Michele Helena Peixoto. *Morte, escravidão e hierarquias na freguesia de Irajá: um estudo sobre os funerais e sepultamentos dos escravos (1730-1808)*.

Dissertação (Mestrado) - Universidade Federal Estadual do Rio de Janeiro, Centro de Ciências Humanas e Sociais, Programa de pós-graduação em História, Rio de Janeiro, 2017.

SOARES DE SOUSA, Gabriel. Tratado descritivo do Brasil em 1587. *Revista do Instituto Histórico e Geográfico Brasileiro*, Rio de Janeiro, ano 14, 1851.

SOUZA, Augusto Fausto de. *A Bahia do Rio de Janeiro: sua história e descrição de suas riquezas*. Rio de Janeiro: Typographia Militar de Costa & Santos, 1882.

TELLES, Pedro Carlos da Silva. *História da Engenharia no Brasil*: Século XX. Rio de Janeiro: Clavero, 1984.

THEVET, André. *Les singularités de la France Antartique*. Paris: Éditions Chandeigne, 1997.

TOUSSAINT-SAMSON, Adèle. *Une parisienne au Brésil*. Paris: Paul Ollendorff, 1883.

VALLADO Armando. *A grande mãe África do Brasil*. Rio de Janeiro: Editora Pallas, 2011.

VERGER, Pierre. *Orixás*. Salvador: Corrupio, 2002.

Documentos:

Arquivo Nacional, *Polícia da Corte (Diversos Códices)*, Códice 413, vol. 1, Rio de Janeiro, 1829-1832.

Hemerografia:

A praia das Virtudes. O banho de mar à fantasia promovido pelo club C. Vasco da Gama. *Revista Careta*. Rio de Janeiro, ano XIX, n. 919, 30 de jan. 1926.

A prefeitura dá regulamento para os banhos de mar. *O Paiz*, Rio de janeiro, ano XXXIII, n. 11.894, 2 de maio de 1917.

Álbum Avenida Brasil – Realização do Governo Getúlio Vargas – Administração do Prefeito Henrique Dodsworth. Rio de Janeiro, 1945.

Collecção de modelos femininos para as praias. *Revista Careta*, Rio de Janeiro, ano XX, n. 917, 29 jan. 1927.

Escravos fugidos. *Diário do Rio de Janeiro*, Rio de Janeiro, ano 1830 n. 16, 19 out. 1830, p. 4.

Execução de sentença de morte. *Gazeta dos Tribunais*, Rio de janeiro, ano 1, n. 74, 17 out. 1843. Conselho Naval, p. 4.

Jornal do Comércio, 17/07/1831; apud Farias, p.46, 2006.

JUNIOR, Peregrino. *Hábito elegante do banho de mar. Revista Careta*, Rio de Janeiro, ano XXI, n. 1049, 21 julho 1928.

O encanto de nossas praias. *Revista Careta*, Rio de Janeiro, ano XIX, n. 931, 24 abr. 1926.

Quinhentos operários cariocas integraram a representação do Distrito Federal. *Jornal A Noite*, Rio de Janeiro, ano XXXIII, n. 11.565, 24 abr. 1944.

Regulamento do banho de mar à fantasia na Praia de Ramos. *Diário da Noite*, Rio de Janeiro, ano XXXI, n. 11.406, 21 jan. 1959.

RIO, João do. *Gazeta de Notícias*, Rio de Janeiro, ano XXXV, n. 297, 24 out. 1909.

RIO, João do. Os banhos de mar. Um uso carioca a desaparecer. *Gazeta de Notícias*. Rio de Janeiro, ano XXXVI, n. 177, 26 de jun. 1911.

Terrenos e casas a prestação. *Correio da Manhã*, Rio de Janeiro, ano XXIX, n. 10.600, 21 jul.1929.

Tronco da rede rodoviária da cidade. De incalculável alcance para os subúrbios da Leopoldina construção da variante da estrada Rio-Petrópolis. *Correio da Manhã*, Rio de Janeiro, ano XL, n. 14.244, 11 abr. 1941.

Uma visita à colônia Z-6 de pescadores. *A Batalha*, Rio de Janeiro, ano IV n. 1095, 13 jun. 1933.

Catálogos:

REZENDE, Diogo, SEIXAS, Isabel e STALLONE, Letícia. *Quando o mar virou Rio.* (Catálogo da exposição realizada no Museu Histórico Nacional) Rio de Janeiro: prefeitura da cidade do Rio de Janeiro, secretaria municipal de cultura, M'baraká e logorama, 2017.

Discos:

"O caranguejo da Praia das Virtudes", Nação Zumbi, in *Rádio S.Amb.A: Serviço Ambulante de Afrociberdelia*, Recife: YB Music, 2000, faixa 2.

"Tarzan, o filho do Alfaiate", Noel Rosa e Vadico, in *Noel pela primeira vez*, Rio de Janeiro, Velas, 2000, Vol. 5, CD 10, Faixa 6.

Internet:

Macrobacias, Microbacias, Sub-bacias, Rios e Canais: sub-bacia do rio Irajá. Disponível em: http://www.educacaopublica.rj.gov.br/oficinas/geologia/hidrografia_rj/14.html. Acesso 30 mar. 2020.

AGRADECIMENTOS

Nosso livro contou com imagens iconográficas e cartográficas de acervos de importantes instituições públicas e privadas de pesquisa social e de memória cultural do país. Somos gratos ao seu trabalho diligente e cuidadoso de preservação de materiais preciosos que permitiram reconstituir momentos e períodos representativos da história e da geografia do litoral carioca. Portanto, segue o nosso agradecimento às instituições (especialmente aos seus funcionários e colaboradores) pelo apreço e generosidade presentes na cessão de obras fotográficas e iconográficas:

Arquivo Público do Estado de São Paulo
Arquivo Nacional
Diretoria do Patrimônio Histórico e Documentação da Marinha do Brasil
Fundação Biblioteca Nacional
Fundação Oswaldo Cruz
Instituto Brasileiro de Geografia e Estatística
Itaú Cultural
Museu Aeroespacial
Museu da Imagem e do Som
Museu Histórico Nacional
Museu da Limpeza Urbana – Comlurb Imprensa

É preciso reiterar a nossa gratidão ao Observatório de Favelas e ao Galpão Bela Maré, onde este livro ganhou inspiração inicial com a realização da Pesquisa Iconográfica e a Exposição *Domingos de Sol nas Praias do Recôncavo*, patrocinadas pela Secretaria Municipal de Cultura da Cidade do Rio de Janeiro

Agradecemos às queridas parceiras e aos queridos parceiros sempre presentes em nossos trabalhos com magia, gentileza e alegria: Monique Bezerra da Silva, Bira Carvalho, Francisco Valdean e Lino Teixeira. E somos gratos aos novos parceiros que muito contribuíram para a nossa pesquisa com seus acervos fotográficos, Rosi Milloti e Marcos Correa de Almeida.

E, por fim, uma singela homenagem:

Aos queridos mestres que fizeram do Rio de Janeiro o ofício de sua vida intelectual e de seu compromisso político
Maurício de Almeida Abreu
Elmo Amador

SOBRE OS AUTORES

Jorge Luiz Barbosa
Docente do Programa de Pós-graduação e do Departamento de Geografia da Universidade Federal Fluminense. Fundador do Observatório de Favelas. Torcedor do glorioso Botafogo e apaixonado sem diploma pela Escola de Samba Acadêmicos do Salgueiro.

Diogo Cunha
Pesquisador de conteúdo e iconográfico. Também é um seminovo autor de uma dezena de livros sobre música brasileira. É torcedor do Boêmios de Irajá, do Galo de Ouro da Leopoldina e de Emilinha Borba.

Ana Thereza de Andrade Barbosa
Cientista Social em formação pela UFRJ. Pesquisadora de memória e cultura da cidade do Rio de Janeiro. Autora acidental. Entusiasta do mar.

2021 © Numa Editora

2021 © As águas da Baía de Guanabara

Edição
Adriana Maciel

Produção editorial
Marina Lima

Revisão
Vanessa Gouveia

Projeto gráfico de capa e miolo
Mari Taboada

Dados Internacionais de Catalogação na Publicação (CIP) de acordo com ISBD

B238a   Barbosa, Jorge Luiz

        As águas encantadas da Baía de Guanabara / Jorge Luiz Barbosa, Diogo Cunha, Ana Thereza de Andrade Barbosa. - Rio de Janeiro : Numa Editora, 2021.

                            242 p. : il. ; 16cm × 23cm.

        Inclui bibliografia.
        ISBN: 978-65-87249-38-4

        1. História do Brasil. 2. Baía de Guanabara. 3. Rio de Janeiro. I. Cunha, Diogo. II. Barbosa, Ana Thereza de Andrade. III. Título.

                                              CDD 981

2021-1656   CDU 94(81)

Elaborado por Vagner Rodolfo da Silva - CRB-8/9410

Índice para catálogo sistemático:
1. História do Brasil 981
2. História do Brasil 94(81)